KRAFT DER VERGEBUNG

Ein inspirierendes Buch zur Überwindung vergangener Traumata

KRAFT DER VERGEBUNG

SELBSTVERGEBUNG HEILT

BY

KURT GASSNER

My-mindguide.com

KRAFT DER VERGEBUNG
Kurt Gassner

Impressum
My-mindguide – The publishing trademarke of trendguide Capital GmbH, Klenzestr. 42a, 80469 Munich, Germany.

Reg. Nr. HRB Munich 206639, VAT 152 123 159, CEO: Kurt Friedrich Gassner
Web: www.my-mindguide.com, mail: gassner@my-mindguide.com

Paperback ISBN: 978-3-949978-24-1
Ebook ISBN: 978-3-949978-26-5
Hardback ISBN: 978-3-949978-25-8

Vorwort

Wenn Probleme unüberwindbar erscheinen, kann es der einfachste Ausweg sein, aufzugeben. Ein Wort der Ermutigung, wenn wir scheitern, ist mehr wert als eine Lobeshymne nach einem Erfolg. Das Leben bietet nicht immer eine weiche Landung. Jeder Mensch hat sein eigenes Kreuz zu tragen. Einige glauben, dass ihr Kreuz schwerer sei als das anderer, aber die Wahrheit ist, dass wir durch dieses Kreuz zu Großem befähigt werden. Die Fähigkeit, unser eigenes Leiden zu meistern, wird vermutlich über unseren Erfolg im Leben entscheiden.

Eine der besten Möglichkeiten, Wunden zu heilen, besteht darin, aus der Situation zu lernen und diese Erfahrungen zu nutzen, um sich auf Wachstum zu konzentrieren. Wenn wir uns in Gedanken darüber verlieren, was hätte sein sollen, können wir in schmerzvollen Gefühlen und Erinnerungen erstarren. Vergebung ist im Wesentlichen eine positive Art, negative Gedanken und Gefühle anzuerkennen und loszulassen. Es ist eine Fähigkeit, die man mit der Zeit immer weiter ausbaut.

Ich möchte in diesem Buch die DU-Form verwenden, da ich hier Persönliches wie mit einem/r guten Freund/in teile. Ich hoffe, du bist mit dieser Vertraulichkeit einverstanden.

Wenn du die Erkenntnisse, welche in diesem Buch vermittelt werden, für dein eigenes Leben nutzt, wirst du mehr und mehr Vorteile daraus ziehen.

Du wirst eine neue Perspektive auf das Leben gewinnen und deine eigenen Themen lösen können. Lass das Buch einige Wochen nachwirken, lies immer wieder ein Kapitel und vor allem die Tipps und beobachte deine Veränderungen.

Du wirst sehen, dass es einfacher wird, mit dir selbst auszukommen, und letztendlich wirst du glücklicher, weil du dich immer weniger von den Schwierigkeiten anderer Menschen aufhalten lässt.

Wir hören diesen Satz immer wieder: „Ich will frei sein.“

Wird der Zug von den Gleisen genommen, hat er freie Bahn, aber wohin fährt er?

Der Wunsch, dieses Buch zu schreiben, entstand aus dem Bedürfnis, mit der Kraft der Vergebung von vergangenem Schmerz zu heilen. Dieses Buch soll als praktischer Leitfaden und Motivation dienen, um Selbstvergebung zu entwickeln und vergangene Traumata zu überwinden. Dazu verwende ich in diesem Buch praktische Beispiele, vor allem aus meinem Leben. In dem Buch „Die Kunst der Vergebung“ gehe ich mehr auf die technischen Aspekte und die besten Methoden der

Vergebungsarbeit ein. Zusammen bilden diese beiden Bücher die Serie „Vergebung HEUTE".

Ich teile mit dir meinen eigenen Lebensweg und die Art und Weise, wie ich dem Teufelskreis der Schuld entkommen bin.

Wie ich verletzt wurde und wahrlich mit dem Konzept der Vergebung kämpfte.

Wenn man als Kind geboren wird und die Übeltäter Mama und Papa heißen, ist es nicht einfach, die inneren Wunden heilen zu lassen. Aber ich habe es geschafft und fühle mich nicht mehr als Opfer. Ich sehe mich als Helfer, und in dieser Rolle möchte ich dich ermutigen, deine eigenen traumatischen Erlebnisse zu überwinden.

Dieses Buch liefert Lösungen zu einigen Aspekten der Lebenserfahrung und der Heilung und besteht aus fünfzehn Kapiteln, die folgende Themen behandeln:

- VERGEBEN + HEILEN
- ICH KANN MEINEM VATER JETZT VOLLSTÄNDIG VERGEBEN.
- ICH KANN MEINER MUTTER JETZT VERGEBEN
- ICH KANN MEINER SCHWESTER JETZT VERZEIHEN.
- ICH KANN DER ZWEITEN FRAU MEINES VATERS JETZT VERGEBEN
- ICH KANN MIR JETZT VOLLSTÄNDIG VERGEBEN.
- ICH KANN MEINEM EX-GESCHÄFTSPARTNER JETZT VOLLSTÄNDIG VERGEBEN

- ICH KANN JETZT ALLEN MEINEN EX-PARTNERN VERGEBEN.
- ICH KANN SOGAR MEINEM MIETER VERZEIHEN
- DIE TEUFLISCHE BEZIEHUNG ZWISCHEN TÄTER UND OPFER
- DAS DREIECK TÄTER - OPFER - HELFER
- WIE DER TÄTER DENKEN
- WARUM WIR DEM TEUFELSKREIS ENTKOMMEN SOLLTEN
- SELBSTVERGEBUNG

INHALTSVERZEICHNIS

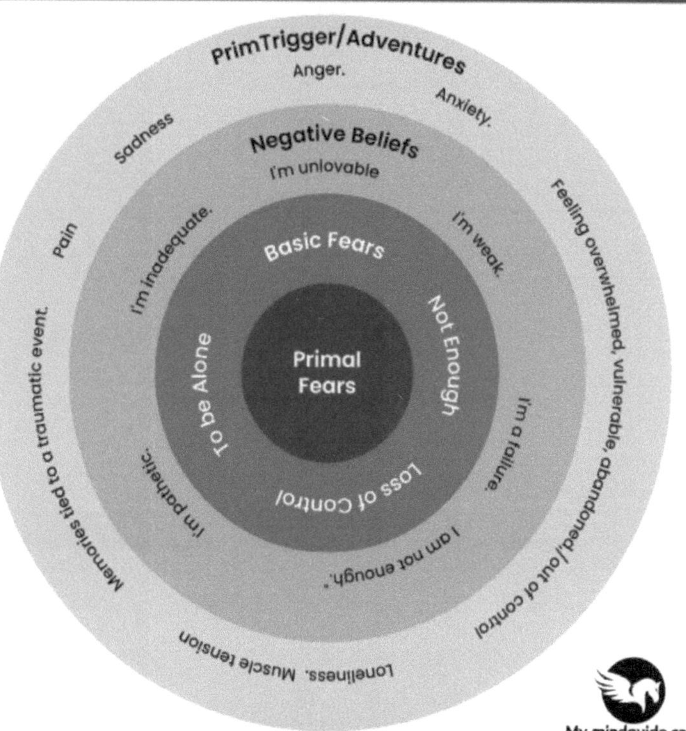

My-mindguide.com

THE ICE MOUNTAIN
MIND MODEL
CONSCIOUS MIND
FACTS
Numbers, Foots, Logic
SUB CONSCIOUS MIND
RELATIONS
Instinct, Feeling, Desire, Traumata, Emotion

Kapitel 1

Vergebung bedingt mentale Stärke

Wenn du mit einer Herausforderung konfrontiert wirst, hast du wahrscheinlich eine Handvoll Strategien, die dir helfen, sie zu bewältigen. Auch wenn deine Herangehensweise von Problem zu Problem etwas variiert, gehst du wahrscheinlich in den meisten Fällen gleich vor. Deine Persönlichkeit könnte beispielsweise ein Problemlöser sein. Sobald du mit einem unangenehmen Ereignis oder einer Herausforderung konfrontiert wirst, gehst du der Sache auf den Grund und versuchst, das Problem zu lösen oder deinen Stress auf ein erträglicheres Maß zu reduzieren. Es ist einfach, sich auf Gefühle der Ungerechtigkeit oder des Unrechts zu konzentrieren, wenn dich jemand verletzt oder etwas falsch macht.

Was uns als Menschen verbindet, ist unsere Fähigkeit, Schmerz zu empfinden. Egal, ob dieser Schmerz körperlicher oder emotionaler Natur ist, wir alle sind schon einmal verletzt worden. Doch was uns trennt, ist, wie wir mit diesem Schmerz umgehen. Experten haben herausgefunden, dass wenn emotionaler Schmerz dich daran hindert, aus einer Situation herauszukommen, dies ein Zeichen dafür ist, dass du nicht auf eine wachstumsorientierte Weise vorankommst.

Eine der besten Methoden, Wunden zu heilen, besteht darin, aus der Situation zu lernen und den Fokus auf Wachstum und Fortschritt zu legen. Wenn wir in Gedanken hängen bleiben und darüber nachdenken, was „hätte sein sollen", kann es passieren, dass wir schmerzvolle Gefühle und Erinnerungen in uns festhalten.

Allerdings kannst du nichts tun, um die erlittene Wunde zu verändern. Mit anderen Worten: Der Schaden ist angerichtet, und alles, was du tun musst, ist, ihn loszulassen und weiterzumachen.

Vergebung kann dir helfen, dich von dem Schmerz zu befreien und den Heilungsprozess zu beginnen. Natürlich ist Vergebung nicht immer einfach.

Es kann eine Weile dauern, bis du deinen Schmerz akzeptierst, bevor du dich in der Lage fühlst, zu vergeben. Was aber, wenn sofortiges Handeln nicht deine Stärke ist? Du kannst versuchen, deine Gefühle zu überwinden, indem du die Situation aus einer anderen Perspektive betrachtest oder dich auf diejenigen verlässt, die dir nahestehen.

Der Entschluss, jemandem zu vergeben, ist eine bewusste Handlung, mit der man sich selbst befreien kann. Du handelst eigenverantwortlich und zielgerichtet, um dich zu heilen. Indem du deinen Übeltäter ignorierst, kannst du die Umstände akzeptieren, die zu deinem Missbrauch geführt haben. So kannst du deine Vergangenheit loslassen und dich auf dich selbst konzentrieren. Bei der Vergebung geht es also nicht darum, das Verhalten der Täter zu billigen. Es geht auch nicht darum, die Täter wieder aufzunehmen, damit diese dich erneut verletzen können.

Es gibt Dinge, die für die Erfüllung eines Menschen grundlegend sind. Wenn diese Grundbedürfnisse nicht befriedigt werden, fühlen wir uns leer, unvollständig. Wir versuchen vielleicht, die Leere durch sinnlose Dinge zu füllen. Oder wir werden selbstgefällig und geben uns kurzfristig mit einer unvollständigen Bedürfniserfüllung zufrieden.

Aber ob wir diese Bedürfnisse nun bewusst wahrnehmen oder nicht, so wissen wir doch, dass sie tief in uns vorhanden sind. Und diese Bedürfnisse sind essenziell. Durch unsere eigenen Erfahrungen können wir sie bestätigen. Wir können sie durch die Erfahrungen anderer Menschen bestätigen.

Im westlichen Gesellschaftsverständnis, insbesondere in modernen christlichen Gemeinschaften, ist Vergebung ein Mysterium und ein Konzept, mit dem ich viele Jahre lang Mühe hatte. Es ist etwas so Warmes und Kuscheliges, dass es eine ziemliche Herausforderung ist, es auf eine Situation anzuwenden, die schmerzhaft ist wie Gewalt oder Aggression. Unmöglich hätte ich gesagt.

Vergebung bedeutet also, die schlechten Gefühle loszulassen, die man gegenüber der Person hat, die einen verletzt hat. An seinem Schmerz festzuhalten ist so, als würde man den Müll nie wegwerfen. Schlechte Gefühle sind wie Eierschalen, Kaffeesatz, alte Dosen und Taschentücher, die jeden Tag schwerer zu tragen sind. Es kann sein, dass du längere Zeit nicht in der Lage bist, die nötige Kraft aufzubringen, um dies zu tun. Mit einem Ratgeber darüber zu sprechen, wäre ein guter Ansatz. Ich werde später erklären, wer dir wirklich auf deinem Weg helfen kann und wem du vertrauen kannst. Sich selbst zu verzeihen ist auch ein Teil der Aufgabe, und wahrscheinlich der schwierigste von allen. Es lohnt sich, denn du willst diese Person nicht noch länger in deinem Leben mitschleppen, als du es ohnehin schon getan hast. Lerne deine Lektion und lass dann los. Viele Menschen erleben das Gleiche wie du, und verstehen dich sehr gut. Es gibt ein berühmtes Zitat:

„Die Schwachen können niemals vergeben. Vergebung ist die ausschließliche Domäne der Starken."
Siehst du, egal, wie man sich dir gegenüber verhält oder wie schlecht man dich behandelt hat, denk daran, dass wir alle miteinander verbunden sind. In der spirituellen Tradition des Ostens gibt es den festen Glauben, dass jeder Mensch, der in dein Leben tritt, einen Zweck hat. Du hast ein Karma Konto aus früheren Leben mit dieser Person. Diese Tatsache kannst du nicht ignorieren, denn sie ist im Grunde genommen die Wahrheit. Wenn du nicht vergeben kannst, wird dieses Konto niemals enden. Es wird während deines ganzen Lebens weitergehen, sogar wenn du das nächste Mal geboren wirst. Auch wenn wir in der westlichen Welt nicht daran glauben, so haben wir doch gelernt zu beten: *„Vergib uns unsere Schulden, wie auch wir vergeben unseren Schuldnern."* Es spielt keine Rolle, ob du sagst: „Ja, ich habe mein Karma-Konto bei dir, und ich begleiche es jetzt und hier. Ich vergebe dir. Ich hoffe, dass wir später im Leben keinen Groll hegen werden", und

weitermachst. Oder man schüttelt sich einfach die Hände, umarmt sich und lässt durch die Geste den Groll hinter sich.

Es ist wichtig, zu vergeben, um zu verhindern, dass man sich innerlich verkrampft und nicht mehr in der Lage ist, sein Leben weiterzuführen. Wer nicht vergibt, der leidet.

Passend ist hier auch ein Zitat von Buddha:

„An Ärger festzuhalten ist wie Gift zu trinken und erwarten, dass der andere dadurch stirbt."
Es zeigt, dass es andere nicht interessiert, wenn man an Wut festhält, aber denjenigen belastet, der an der Wut festhält. Dafür gibt es möglicherweise einen triftigen Grund. Eine der Hauptursachen für Hass ist, dass dich jemand gedemütigt und verletzt hat. Eine andere ist Angst.

Nun möchte ich meine eigenen schmerzhaften Lektionen über das Vergeben mit dir teilen.

The Drama Triangle (Forgive the Past)

Wife and Husband

Fight between Couple

Kapitel 2

Vater, vergib mir

Es gibt bestimmte Dinge, die deine Eltern tun, bei denen du dir wünschst, dass du ein Mitspracherecht hättest. Man möchte alles unternehmen, was man kann, um etwas daran zu ändern, aber letztendlich konnte man gar nichts ändern, vielleicht weil man noch ein Kind war. Doch als man erwachsen wurde, stellte man fest, dass man auch dann nichts hätte tun können, wenn man kein Kind gewesen wäre. Eine der Situationen, in der ich mich gefangen sah, war die Scheidung meiner Eltern. Mein Vater war schon immer ein Vorbild für mich. Üblicherweise schauen Jungs zu ihren Vätern auf, wenn es darum geht, die Art von Lebensstil zu bestimmen, die sie führen wollen. Dasselbe gilt für Frauen; sie neigen dazu, das gleiche Leben führen zu wollen wie ihre Mütter.

Die Ehe meiner Eltern war nicht die Art von Beziehung, die ich als reibungslos bezeichnen würde. Sie hatten ihre Probleme, und einige davon waren zu ernst, um sie zu ignorieren, aber sie fanden immer einen Weg sich zu arrangieren.

Ich wusste, dass mein Vater nicht perfekt war, aber hinterfragte sein Handeln nicht, bis eines Tages mein Weltbild zerrüttet wurde.

Der Vorfall änderte nicht nur meine Sicht auf ihn, sondern auch unser Verhältnis merklich. Mein Vater wollte sich scheiden lassen, um mit einer anderen Frau zusammen zu sein und ich verstand die Welt nicht mehr. Zuerst dachte ich, es sei ein Scherz, weil ich bis dahin nie daran gedacht hatte, dass er meine Mutter verlassen würde. Auch meine Proteste und Einwände spielten keine Rolle, er hatte seine Entscheidung gefällt. Natürlich gehörte er anschließend immer noch zur Familie. Ich liebte ihn, aber das Vertrauen, welches ich stets in ihn gehabt hatte, war erschüttert.

Mein Problem war nicht, dass er sich von meiner Mutter scheiden ließ, um mit einer anderen Frau zusammen zu sein. Er ließ ebenso seine vier Kinder im Stich. Ich wusste nicht, dass jemand so handeln konnte. Das beeinflusste mein Bild von ihm sehr. Ich hatte beschlossen, ihn nicht mehr als mein Vorbild zu sehen. Ich war wütend auf ihn. Ich habe ihn gehasst und mir gesagt, dass ich ihm nie verzeihen würde. Wenn wir uns sahen, achtete ich darauf, dass unser Gespräch so kurz wie möglich war. Es war mir einfach unangenehm, zu lange mit ihm zusammen zu sein.

Ich verachtete meinen Vater für eine sehr lange Zeit. Nachdem ich trotz aller Widrigkeiten im Leben Fuß gefasst hatte und ziemlich erfolgreich war, begann er, sich häufiger als sonst zu melden. Er bemühte sich stets, dass wir uns treffen. Aber ich wollte ihn nie treffen. Auch als ich schon selbst eine Familie gegründet hatte, kamen wir nie wirklich gut miteinander aus, aber ich sah die Dinge etwas anders, als ich sie früher gesehen hatte.

Er hat sich von meiner Mutter scheiden lassen, weil er nicht mehr mit ihr zusammenleben konnte. Keine Ahnung, ob er versucht hat, die Dinge zu regeln. Jedenfalls habe ich mich in seine Lage versetzt und bin zu dem Ergebnis gekommen, dass jeder das Recht hat, sich scheiden zu lassen, aus welchem Grund auch immer.

Allerdings war ich immer noch sehr traurig über die Tatsache, dass er uns und meine Mutter im Stich gelassen hat.

Er gab seiner zweiten Frau alles, was sie brauchte, während er uns vernachlässigte.

Ich war immer noch verbittert auf über ihn, aber irgendwann änderte sich alles.

Mir wurde klar, dass wir nicht ewig auf der Erde verweilen können. Wir leben nur etwas weniger oder kaum mehr als ein Jahrhundert. Da uns auf der Erde nicht viel Zeit zur Verfügung steht, welche Vorteile hat es, wenn man diesen Teil seines Lebens nicht in Frieden leben kann?

Wir leben nicht ewig auf der Erde, aber wie können wir die kurze Zeit, die uns bleibt, mit denen, die wir lieben, zu etwas Besonderem machen? Die Menschen, die wir lieben und jetzt treffen, werden wir irgendwann nicht mehr sehen können.

Voller Dankbarkeit, nach der Geburt unserer Tochter – das Neugeborene auf dem Arm – kam es wie ein Blitz über mich und ich beschloss ich, meinem Vater nicht nur zu verzeihen, sondern auch zu vergeben.

Trotz allem, was er uns angetan hat, trotz der Tatsache, dass er uns für seine neue Frau verlassen hat, die er zu diesem Zeitpunkt wahrscheinlich als seine einzige Familie ansah, habe ich einen Weg gefunden, ihm aus vollem Herzen zu vergeben.

Ich habe meinem Vater nicht nur seinetwegen vergeben, sondern auch meinetwegen. Ich wusste, dass ich es sehr bereuen würde, wenn etwas mit meinem Vater geschehen würde.

Ich wollte nicht, dass irgendetwas mein Leben ruinieren würde. Es gelang mir, ihn in einem anderen Licht zu sehen, in einer anderen Situation.

Ich stellte mir vor, wie er aufgewachsen war, wie er als kleiner Junge gelitten hatte. Meine Nachforschungen ergaben, dass er von seinem Vater und seiner Mutter verlassen wurde, als er erst 6 Jahre alt war. Mit 13 wurde er gezwungen, in die NAPOLA, die Eliteschule der NAZIS, einzutreten. Der militärische Drill, das unmenschliche soziale Umfeld sollten ihn abhärten. Stark wie Kruppstahl war der Slogan in jenen Zeiten.

Ich sah ihn weinen, mit Heimweh und einer Gehirnwäsche. Dann begegnete ich ihm in meiner Vorstellungskraft, als er 17 war und in den letzten Tagen von Hitlers Regime zum Eintritt in die SS gezwungen wurde. Wie er sein rechtes Bein verlor - er, der beste Sportler der Klasse. Wie er sich zu einem Doktortitel in Chemie durchkämpfte. Wie er eine Familie gründete und drei Kinder bekam, und wie schwer es für ihn war, bis zum Monatsende durchzuhalten.

Ich war mir sicher, dass er ein Opfer war wie ich.
Er war Täter und Opfer. So konnte ich ihm von ganzem Herzen vergeben, was zu meiner Heilung beitrug.

Ich hatte keine innere Ruhe mehr, seit ich ihn ignoriert hatte. Nachdem ich ihm auch vergeben hatte, fühlte er sich mir gegenüber zugänglicher. Ich hörte auf, Opfer der negativen Gefühle zu sein, die ich für meinen Vater gegenüber empfand, und mit der Zeit glich sich alles aus.

Innerlich bat ich auch meinen Vater um Vergebung, dass ich ihn so lange missachtet und nicht geliebt habe. Heute weiß ich, er hat mir vergeben und mich wieder in seine starken Arme genommen. Gemeinsam haben wir an seinem Sterbebett noch Lieder aus der Heimat gesungen und diesen innigen Moment werde ich mein Leben nie vergessen.

Jetzt weiß ich, dass so viele Menschen wie ich von ihrem Vater verletzt worden sind. Ich weiß, wie schlecht es diesen Menschen geht, wenn sie ihren Vater sehen. Ich habe das auch durchgemacht, aber man muss ihm auf jeden Fall vergeben und auch selbst auf die Gnade der Vergebung hoffen. Deine negativen Gefühle ihm gegenüber werden dich so lange verzehren, bis du etwas dagegen unternimmst.

<u>**Tipp:**</u>

Du musst deinem Vater vergeben und den gleichen Seelenfrieden haben, den ich kurz nach der Vergebung meines Vaters hatte. Denke daran, dass du es am Ende noch bereuen könntest, wenn du es hinauszögerst, das Richtige zu tun. Bitte auch darum, dass dir vergeben wird für die Zeit, in der du der Liebe nicht fähig warst.

The Drama Triangle (Forgive the Past)

Child and Parent

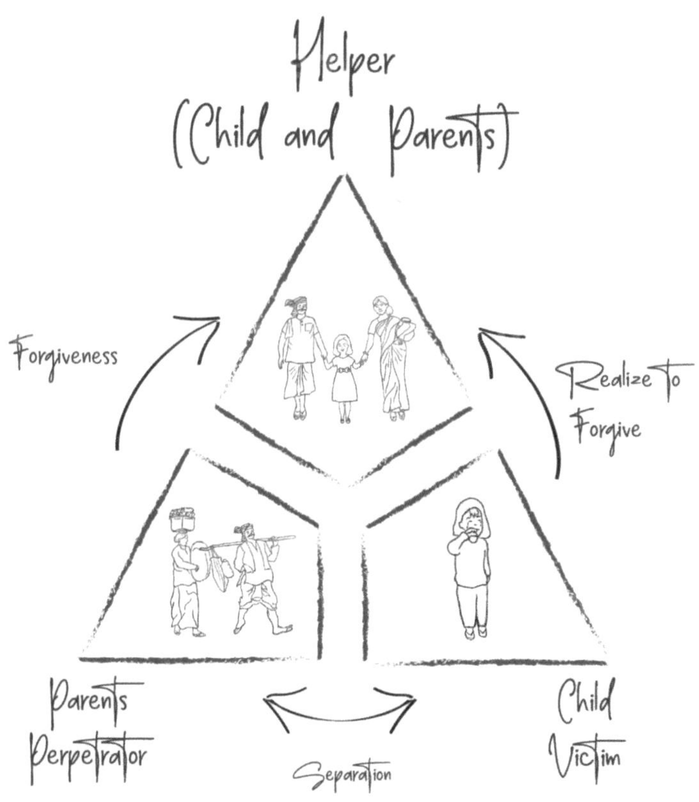

Kapitel 3

Mutter, vergib mir

Eine Wahrheit über das Leben ist, dass man, sobald man erwachsen ist, das Recht hat, sein Leben so zu leben, wie man es will. Niemand sollte sein Leben für sich bestimmen lassen, solange er nichts Schlechtes tut. Das mag zwar wahr sein, doch haben wir das als Kinder gegenüber unseren Eltern leben können?

Nein, die Möglichkeit wurde uns nicht gewährt.
Wenn es um unsere Eltern geht, agieren wir besitzergreifend. Wir wollen sie an uns binden, aber wir vergessen, dass sie auch ihr eigenes Leben haben. Meine Geschwister und ich befanden uns in dieser Situation, als wir noch klein waren. Das Leben war nicht gerade angenehm für uns, nachdem unser Vater verschwand. Meine Mutter versuchte alles, um uns das Beste zu geben, was wir ihrer Meinung nach brauchten. Wenn wir mal krank waren, setzte sie alles daran, dass wir versorgt wurden. Sie bezahlte alle Rechnungen für die notwendigen Dinge im Haus. Wir gewöhnten uns fast zu sehr daran, sie um uns zu haben. Ich beobachtete vor allem, wie andere Kinder viel Zeit mit ihrer Mutter verbrachten. Meine Mutter verbrachte

auch viel Zeit mit uns. Doch plötzlich bemerkte ich einige Veränderungen im Leben meiner Mutter. Wenn sie aus dem Haus ging, trug sie jetzt immer ihr Make-up. Sie erzählte uns nicht mehr, wo sie sich aufhielt, wenn sie das Haus verlassen wollte. Aber ich fragte auch nicht danach. Dann gab es Zeiten, in denen sie später zurückkam als früher.

Als das so weiterging, war es offensichtlich, dass etwas vor sich ging. Als ich 14 Jahre alt war, rief meine Mutter uns ins Wohnzimmer, weil sie uns etwas sagen wollte. Sie sagte uns klar und deutlich, dass sie heiraten würde.

Das war ein schwerer Schock.
Ich weiß nicht, ob ich verstanden habe, was sie gesagt hat, obwohl ich ganz nah bei ihr war und zugehört habe.

Eine Zeit lang war ich ziemlich durcheinander. Ich dachte über alles nach, was in dieser Zeit passiert war. Sie sah irgendwie anders aus, als wir es von ihr gewohnt waren. Sie schien sogar glücklicher zu sein, als sie es war, seit mein Vater uns verlassen hatte und zu seiner neuen Frau zu ihm gezogen war. Sie zog sich immer cooler an als früher, und meine Mutter, die nie lange ausblieb, kam jetzt regelmäßig spät abends nach Hause. Dann fing alles an, sich zusammenzureimen. All die Veränderungen, die ich bemerkt hatte, waren auf den neuen Mann zurückzuführen, mit dem sie sich traf. I

ch sah, wie er sie zweimal absetzte, bevor sie uns die Neuigkeit mitteilte. Ich wollte sie fragen, wer dieser Mann war, aber ich tat es nicht. Ich wusste, dass es unpassend war, danach zu fragen. Ich weiß nicht, warum ich so empfunden habe, aber die Wahrheit ist, dass ich das Gefühl hatte, dass meine Mutter uns verraten hat. Ich dachte, sie würde immer bei uns sein, egal, was auf uns zukommen würde. Nachdem mein Vater eine andere Frau geheiratet hatte, war es für sie kein Problem, weiterhin zusammenzubleiben, und so hatte ich das Gefühl, dass sie sich verändert hatte.

Während ich all dies dachte und sagte, vergaß ich etwas. Meine Mutter war eine eigenständige Frau. Sie war nicht nur eine eigenständige Frau, sie war auch eine wunderschöne Frau. Ich war nicht der Einzige, der sich damals schlecht fühlte, auch meine Geschwister hatten Probleme damit. Sie konnte an unserem Gesichtsausdruck sehen, dass wir die Idee in keiner Weise unterstützten, aber das war unserer Mutter nicht so wichtig.

Sie hatte sich bereits entschieden, dass sie heiraten würde. Nach einer Weile konnten wir uns dazu durchringen, die Heirat zu akzeptieren. Selbst wenn wir wollten, konnten wir sie nicht daran hindern. Es kam jedoch ein zusätzliches Problem auf. Sie heiratete einen anderen, und wir durften nicht mehr bei ihr bleiben und meine jüngste Schwester war gerade erst 2 Jahre, meine ältere Schwester 13 und mein Bruder 12 Jahre alt.

Sie wollte mit ihrem Mann eine neue Familie gründen. Die beiden waren sich einig, dass sie in ihrer Ehe Privatsphäre brauchen würden. Wir durften sie von Zeit zu Zeit besuchen, aber nicht ständig.

Das hat mich sehr verletzt. Ich fühlte mich von Allen verlassen.

In diesem Moment ging mir nur noch durch den Kopf, dass unser Vater uns im Stich gelassen hatte und dass unsere Mutter uns auch im Stich lassen würde.

Es sah so aus, als wolle keiner von beiden uns in ihrem Leben haben. Ich fühlte mich verletzt von meinen Vater, aber jetzt auch noch durch meine Mutter für das, was sie uns antat. Ich sah verheiratete Frauen, die von ihren Männern getrennt waren oder deren Männer tot waren, aber sie hatten immer alles dafür getan, die Kinder zu versorgen und sich um sie zu kümmern.

Die Priorität meiner Mutter war es jedoch, zu heiraten, so sah ich es damals als Heranwachsender.

Sie zeigte uns, dass wir jetzt nicht mehr zu ihren obersten Prioritäten gehörten.

Meine Geschwister und ich waren enttäuscht. Wir verabscheuten den Mann, der sie heiraten wollte, weil wir das Gefühl hatten, er würde uns unsere Mutter wegnehmen. Wenn wir etwas tun könnten, um ihn aufzuhalten, hätten wir das getan. Ich hatte verschiedene Möglichkeiten, auf den Mann zuzugehen, den meine Mutter heiraten wollte. Ich konnte es jedoch nicht übers Herz bringen, auf ihn zuzugehen und mit ihm zu reden.

Schließlich war ich bereits 16 und nicht mehr 14, als mein Vater uns verließ. Also ging alles glatt, und meine Mutter heiratete diesen Mann. Nach der Heirat fiel mir etwas an meiner Mutter auf, dass ich selten sah, wenn sie mit meinem Vater zusammen war.

Sie sah wunderbar aus, und das war noch nicht alles: Meine Mutter sah jetzt immer glücklich aus.

Wieder zu heiraten war eines der besten Dinge, die ihr je passiert sind. Der Mann, den sie heiratete, behandelte sie, als ob sie sein Ein und Alles wäre.

Die Tatsache, dass meine Mutter glücklich war, bedeutete mir sehr viel. Obwohl ich gar nicht akzeptierte, dass sie uns praktisch allein gelassen hatte, um einen fremden Mann zu heiraten, fühlte ich eine Art Erleichterung, wenn ich sah, wie glücklich sie war. Es dauerte eine Weile, bis ich mit der Tatsache umgehen konnte, dass meine Mutter mich und meine anderen Geschwister im Stich gelassen hatte. Es war nicht so, dass sie uns im Stich gelassen hätte oder nicht mehr die Mutterrolle für uns spielen wollte. Sie tat ihr Bestes, aber es hat uns einfach nicht gefallen, dass sie einen anderen geheiratet hat.

Als ich erwachsen wurde, ist mir einiges über das, was meine Mutter getan hat, klar geworden. Mein Vater hat meiner Mutter das Herz gebrochen. Seit sie sich hatten scheiden lassen, war sie nicht mehr so lebensfroh, wie sie es immer war. Früher hat sie gelacht, doch das schallende Lachen, das wir von ihr kannten, wurde immer seltener in unserem Haus. Meine Mutter hatte es verdient, ihr Leben zu genießen. Menschen, die Kinder bekommen und aufgezogen haben, haben auch ein Leben zu leben. Sie haben Wünsche, die erfüllt werden wollen. Sie wollen von einem Mann geliebt werden, mit dem sie ihre Liebe teilen können. Meine Mutter war eine Frau, die plötzlich ihrer Liebe beraubt wurde.

Ich weiß nicht, ob sie die Liebe aufgegeben hat, bevor sie den Mann traf, den sie heiratete, aber als sie diesen Mann traf, war sie so sehr in ihn verliebt, dass sie tiefes Glück empfand. Das alles reichte aus, um zu erkennen, dass ich nicht ganz richtig lag, als ich versuchte, meine Mutter davon abzuhalten, wieder zu heiraten. Ich versetzte mich irgendwie in ihre Lage. Ich stellte mir vor, was sie durchmachte, wenn sie sich daran erinnerte, dass mein Vater mit einer anderen Frau zusammen war. Mir wurde klar, dass sie uns all die Liebe gegeben hatte, die sie bekam, dass sie aber auch etwas Liebe für sich selbst brauchte. Ich dachte daran, wie sie aufgewachsen war, ein Kind des Krieges, immer in Deckung und in ständiger Angst vor dem Tod. Wie sie im Alter von 17 Jahren begann, ihre Geschwister und ihre Familie zu unterstützen. In meiner Vorstellung begegnete ich ihr als Teenager, der sich nach Liebe und Aufmerksamkeit sehnte. Zu diesem Zeitpunkt befand ich mich bereits in einem stillen Teufelskreis. Später beschloss ich, dass es an der Zeit war, einen Schlussstrich zu ziehen und in der Realität zu leben. In der Realität, dass meine Mutter ihr eigenes Leben hatte, das sie nun in vollen Zügen auskostete. Ich habe plötzlich verstanden und akzeptiert, dass sie einen anderen Mann geheiratet und uns außen vorgelassen hat.

Meine Mutter war die einzige Mutter, die ich auf der ganzen Welt hatte. Ich habe Jahre damit verschwendet, darüber zu trauern, warum sie einen anderen Menschen heiraten musste. Ich fühlte mich gekränkt, weil wir nicht bei ihr leben durften. Ich empfand es als lieblos uns gegenüber, weil wir unser ganzes Leben bei ihr gelebt hatten und viel lieber bei ihr wohnten als in einem Internat und von der Fürsorge betreut. Bei unserem Vater zu wohnen war auch nicht möglich, da er damals kein

Interesse daran hatte, uns bei sich zu behalten und seine junge Frau nicht die Verantwortung für 4 Kinder übernehmen konnte und wollte.

Ich habe viele Jahre in diesem Teufelskreis vergeudet, aber ich habe beschlossen, aus ihm auszubrechen, indem ich meiner Mutter aus tiefstem Herzen vergeben habe.

Die unendliche Dankbarkeit und Freude über die Geburt meines Sohnes hat mich vollständig von meinem Trauma geheilt.

Ich kann jetzt mit meiner Mutter zusammen sein, lachen, ein paar Witze machen und sogar mit ihr amüsieren, und es war immer lustig. Ich verbinde ständig schöne Erinnerungen mit ihr. Manchmal treffen wir uns mit ihr und meinen anderen Geschwistern, weil sie sich mit der Zeit an die Ehe und das dadurch entstandene Umfeld gewöhnt hatten. Unsere Mutter war immer noch bei uns, der einzige Unterschied war, dass wir nicht mehr im selben Haus wohnten. Wir riefen regelmässig an, sprachen oft miteinander, und es machte viel Spaß. Nachdem ich meiner Mutter vergeben hatte, hatte ich also Frieden. Sie hatte jetzt auch aufgeatmet, denn sie hatte immer das Gefühl, dass ich etwas problematisch war. Ich würde ja nicht sagen, dass ich es gut fand, dass sie geheiratet hat. Es hat sie irgendwie belastet, aber jetzt waren alle frei. Alle sind zufrieden, und vor schließlich genoss meine Mutter ihre Ehe. Das ist es, was Vergebung bewirkt. Sie hat mich von den negativen Gefühlen geheilt, den ich im Laufe der Jahre für meine Mutter angesammelt hatte, und in gewisser Weise hat sie auch meine Mutter geheilt.

Nach einer langen Aussprache nahm sie mich in ihren Arm, drückte mich fest und ich sah in ihren Augen, dass sie auch mir vergeben hat, für die Zeit, in der ich mich ihr gegenüber unterkühlt verhalten habe.

Wenn ich mir die Erfahrung mit meiner Mutter vor Augen führe, wird mir klar, dass es vielen Menschen da draußen so geht wie mir. Es gibt so viele Menschen da draußen, die sich in der gleichen Situation wie ich damals befanden.

Ich möchte sie wissen lassen, dass die negativen Gefühle und der Abscheu, welche sie empfinden, nachvollziehbar sind, aber einen nicht weiterbringen.

Ich möchte, dass sie jetzt aus diesem Gefühl ausbrechen. Sie sollten sich nicht zu lange damit aufhalten. Ein gutes Kind sollte sich das Glück seiner Eltern wünschen. Was zählt, ist, dass deine Mutter glücklich ist.

Tipp:
Wenn deine Mutter mit dem Mann glücklich ist, mit dem sie sich verbunden hat, solltest du dich für sie freuen.

Denke daran, dass sie die einzige Mutter ist, die du hast; und was sie alles für dich die vielen Jahre getan hat. Die Liebe, die sie dir schenkte, wie sie dich tröstete. Du wirst nie eine andere bekommen. Lass nicht zu, dass negative Gedanken und Abscheu dir die Chance nehmen, schöne Erinnerungen mit deiner Mutter aufzubauen. Erlaube nicht, dass es zu lange in dir bleibt. Du wirst es am Ende bereuen, wenn du das zulässt. Durchbreche den Teufelskreis; du wirst froh sein, dass du es getan hast.

Identity

Positive Imagination

Actual Sorry Identity

Kapitel 4

Schwesterherz, du funkelst so schön.

Es ist so eine Sache mit den Menschen, die einen lieben. Wenn man Menschen hat, die einen lieben und sich um einen kümmern, gibt es einige Entscheidungen, die man nicht einfach treffen kann, ohne sie dabei zu berücksichtigen. Ja, es ist dein Leben, und du kannst es so führen, wie es deiner Meinung nach am besten für dich ist. Du kannst es genießen, so wie es dir gefällt, oder auch nicht, wenn dir das lieber ist. Doch auch wenn du das explizite Recht hast, zu entscheiden, wie du dein Leben führen willst, ist es egoistisch, wichtige Entscheidungen zu treffen, ohne an diejenigen zu denken, die du liebst, und die du Familie nennst.

Stelle dir zum Beispiel das Leben einer krebskranken Frau vor, die mit einem Mann verheiratet ist, der sie von ganzem Herzen liebt und mit dem sie zwei wunderschöne Kinder hat. Sie liebt ihren Mann und ihre Kinder so sehr, dass sie ihnen keine Schmerzen zufügen möchte. Nun wurde bei ihr Krebs diagnostiziert, aber der Krebs wurde nicht rasch entdeckt. Sie war gezwungen, so schnell wie möglich mit ihrer Behandlung zu starten. Diese Frau wollte die Behandlung nicht durchführen.

Stattdessen beschloss sie, ihrem Mann zu verheimlichen, dass sie Krebs hatte, und einfach allmählich zu sterben.

Der Grund, weshalb sie es ihrem Mann verschwieg, war, dass sie ihm nicht das Herz brechen wollte. Außerdem wollte sie, dass ihre Kinder die glücklichen Menschen blieben, wie sie sie bisher gekannt hatte, und so verheimlichte sie ihnen ihren Gesundheitszustand.

Sie verschwieg ihre Krankheit, und der Krebs verschlimmerte sich im Laufe der Tage immer mehr. Als ihr Mann schließlich erfuhr, dass sie Krebs hatte, war er am Boden zerstört. Er fühlte sich so miserabel wegen der ganzen Sache, zumal sie ihm nichts von ihrer Krankheit mitteilte. Sie hatte eine wichtige Entscheidung für ihr Leben getroffen, aber sie hatte ihrem Ehemann nichts davon erzählt. Es war eine Entscheidung, die entscheidend dafür war, ob sie weiterlebte oder sterben würde. Doch sie traf die Entscheidung zu sterben, ohne ihren Mann, von dem sie wusste, dass er sie liebte, mit einzubeziehen. Sie dachte nicht daran, wie er sich nach ihrem Tod fühlen würde. Sie ahnte nicht einmal, wie untröstlich ihre Kinder sein würden, wenn sie eines Morgens aufwachten und feststellten, dass ihre Mutter tot war. Nun, es war ihre Entscheidung. Sie hatte das Recht, diese Entscheidung für sich selbst zu treffen, aber nicht an ihre Lieben zu denken, war meiner Ansicht nach egoistisch. Nachdem sie tot und von uns gegangen ist, werden sie diejenigen sein, die um sie trauern. Sie werden diejenigen sein, die den Verlust erleiden. Die Toten trauern nicht, sondern nur die Lebenden trauern um die Toten. Eine Krebserkrankung bedeutet nicht gleich ein Todesurteil. Dieser Mann hat es seiner Frau bewiesen. Er bestand darauf, dass sie sich einer Behandlung unterzieht. Nach tagelangem Hin und Her entschied sich seine Frau, den Krebs behandeln zu lassen, und die Krankheit wurde geheilt. Sie lebte viele glückliche Jahre mit ihrem Mann und ihren Kindern. Was wäre, wenn sie mit dieser egoistischen Entscheidung gestorben wäre? Was wäre das Schicksal ihres Mannes und ihrer Kinder gewesen? Wie hätten sie sich gefühlt, dass ihre Mutter wegen einer behandelbaren Krankheit gestorben wäre? Der Gedanke daran würde sie sehr lange quälen. Am Ende würden sie sogar ihre Mutter dafür hassen, weil sie es ihnen in Wahrheit verheimlicht hat, weil sie sie liebte und nicht wollte, dass sie leiden müssen.

Nun zu dem Problem, das ich mit meiner Schwester hatte, die mich traurig gemacht hat. Jeder auf der Welt kennt diese Realität. Covid-19 kam und verwüstete jedes Land der Welt. Abgesehen davon, dass es der Weltwirtschaft einen schweren Einbruch beschert hat, hat es zu einer hohen Arbeitslosenquote und zu einem Anstieg der Kriminalität geführt. Doch das ist nur ein kleiner Teil davon. Der zentrale Teil ist, dass Covid-19 zu Millionen Todesfällen geführt hat. Viele Menschen starben an Covid-19, weil es keine wirksamen Medikamente zur Bekämpfung des Virus gab. Nach monatelangen Forschungen fand man schließlich einen Impfstoff. Dieser Impfstoff wurde zwar von vielen Menschen heftig kritisiert, aber in Anbetracht der Tatsache, dass der Impfstoff so schnell zur Verfügung stand, ist der Impfstoff alles, was wir im Augenblick haben. Er hat sich als relativ wirksam erwiesen. Das Virus mutierte zwar immer wieder, aber man fand immer wieder Wege, es zu überwinden und in den Griff zu bekommen. Ungeachtet der Entdeckung des Impfstoffs können wir nicht leugnen, dass immer noch Menschen an dem Virus sterben. Es sterben immer noch

Menschen an Covid-19, aber die Wahrheit ist, dass die meisten Menschen, die an dem Virus sterben, vor allem jene sind, die es abgelehnt haben, sich impfen zu lassen.

Zwar haben sich viele Menschen bereits impfen lassen und sterben trotzdem an dem Virus. Doch der Großteil dieser Todesfälle ist auf diejenigen zurückzuführen, die sich geweigert haben, sich impfen zu lassen. Sie haben ihre Gründe für ihre Weigerung. Sie argumentieren immer wieder, dass der Impfstoff einige Nebenwirkungen hat, insbesondere wenn man bedenkt, wie schnell er entwickelt wurde. Manche behaupten, der Impfstoff könne zu Unfruchtbarkeit führen. Darüber gibt es verschiedene Angaben, die jedoch nicht bewiesen werden konnten. Dennoch haben all jene, die etwas gegen den Impfstoff einzuwenden haben, das Recht, ihre Meinung zu äußern. Tatsächlich leben wir in einer Welt, in der jeder das Recht hat, seine Meinung zu äußern.

Nun, nachdem sie viel Negatives über den Impfstoff gesagt und betont hatte, dass sie sich niemals impfen lassen würde, vermied meine Schwester jeden Kontakt und isolierte sich auf ihrem Bauernhof in Ungarn.

Zuerst dachte sie, der Virus würde von selbst wieder verschwinden. Hunderttausende von Menschen haben sich mit dem Virus angesteckt und sind ohne Behandlung genesen, argumentierte sie.

Einige von ihnen hätten sich gewünscht, dass es schon damals einen Impfstoff geben würde, aber leider war das nicht der Fall, so dass sie sich mit dem begnügen mussten, was ihnen zur Verfügung stand.

Viele achteten besonders auf eine gesunde Lebensweise, ernährten sich ausgewogen und führten ein sehr bewusstes Dasein. Bei manchen Infizierten verschwand mit der Zeit der Virus sogar fast symptomfrei aus ihrem Körper.

Meine Schwester hingegen glaubte fest an Verschwörungstheorien und wollte keinerlei Impfschutz.

Sie tat alles Erdenkliche, um der Infektion vorzubeugen, aber der Preis war hoch. Sie war isoliert. Sie konnte die Grenze nicht mehr passieren und auch ihre betagte Mutter nicht mehr besuchen. Die Absonderung von Ungeimpften war eine Möglichkeit, um zu verhindern, dass sich gesunde Menschen mit dem Virus anstecken. Auf diese Weise lässt sich die Ausbreitung des Virus eindämmen, erklärten die Gesundheitsämter.

Die soziale Isolierung meiner Schwester führte zu einer eigenen Realität. Aus ihren spärlichen Telefonaten sprachen Angst und eine eigene Realitätswahrnehmung. Egal was immer passiert, sie bestand darauf, nicht geimpft zu werden. Eine Erkrankung wäre ihr Todesurteil in diesem ländlichen Teil Ungarns, beschwor ich sie. „Dann ist es eben mein Schicksal, dann sterbe ich", antwortete sie.

Außerdem wies sie an, niemanden von der Familie zu ihr zu lassen, bis sie tot sei.

Das brach mir das Herz. Ich konnte das nicht begreifen. Es fühlte sich an, als ob jemand versucht hätte, Selbstmord zu begehen. Ich wusste, dass sie es verweigerte, geimpft zu werden. Sie hatte viel Negatives über den Impfstoff behauptet, aber eine Impfung war ihre einzige Möglichkeit Kontakt zu halten und aus Ungarn auszureisen. Dennoch lehnte sie die Impfung ab und nahm sogar den Tod in Kauf, ohne Rücksicht auf die Menschen, die sie liebten. Das tat mir so weh.

Ich verstand sie nicht mehr, es war, als wäre die Verbindung gerissen. Ich sah es als egoistisch an.

Sie wollte nicht, dass wir sie leiden sehen, sie wollte nicht, dass wir den Schmerz miterleben, sie vielleicht sterben zu sehen, aber es war egoistisch, so empfand ich. Es hat mich innerlich aufgefressen, weil ich so verstört war. Ich kannte sie mein ganzes Leben lang. Sie war stets für mich da gewesen. Als mein Vater uns verließ, war sie da. Wir haben den Schmerz geteilt. Als meine Mutter einen neuen Partner fand, waren wir nicht sehr glücklich darüber, aber sie war da.

Wir haben so viele Schwierigkeiten gehabt, als wir heranwuchsen, und sie war bei allen dabei, und wir haben alles geteilt. Jetzt war sie allein und isoliert und hatte eine Chance, aber sie hat sie abgelehnt und sogar veranlasst, dass wir im Notfall nicht helfen dürfen.

Ich verabscheute sie dafür. Ich konnte nicht begreifen, dass sie das Leben aufgeben wollte, ohne an uns zu denken. Ich fand es gemein, dass sie veranlasste, uns keinen Zugang zu ihr zu gewähren. Ich habe alles an ihr abgelehnt. Ich hielt sie für eine sehr egoistische Frau, die an niemanden außer sich selbst dachte. Doch irgendwann musste ich mich zusammenreißen.

Ich musste es langsam angehen lassen. Der beste Weg, um mit andersdenkenden Menschen friedlich zusammenzuleben, besteht darin, sich in ihre Gedankenwelt zu begeben. Wenn du dich auf die Denkweise dieser Menschen einlässt, wirst du verstehen, warum sie getan haben, was sie getan haben. Warum sie so gehandelt haben, wie sie gehandelt haben, und warum sie sich geweigert haben, bestimmte Schritte zu unternehmen. Ja, ich war wütend auf meine Schwester. Es kostete mich einiges an Überwindung und Zeit, mich in ihre Lage hineinzuversetzen; ihre Gefühle und Beweggründe nachzuvollziehen, auch wenn ich sie nicht verstand, noch ihnen zustimmte. Es fiel mir wahrlich nicht leicht, mich in ihren Geisteszustand zu versetzen, die Dinge von ihrem Standpunkt aus zu verstehen und ihre Entscheidung, sich nicht impfen zu lassen, zu respektieren. Vor allem ihr Wunsch, sie nicht zu besuchen und ihre Quarantäne abzuwarten, selbst wenn sie zu ihrem Tod geführt hätte, brachte mich an meine Grenzen.

Letztlich kam ich zu dem Schluss, dass sie aus Liebe handelte und ihrer verqueren Denkweise ihre Liebsten schützen wollte. Dies ist häufig bei Menschen der Fall, die glauben, dass sie an einer Krankheit sterben werden.

Sie versuchen, ihre Liebsten bis zum allerletzten Moment aus der Sache herauszuhalten. Für meine Schwester war es also ein Liebesdienst uns mit ihrer Entscheidung und deren eventuellen Folgen nicht zu belasten.

Ich liebe meine Schwester so sehr, wir lieben sie so sehr, und sie weiß das. Sie wollte nicht, dass wir uns verletzt fühlen, wenn wir sie sterben sehen.

Sie wusste, dass es ihr das Herz brechen würde, sie in diesem Zustand zu sehen, aber das war uns egal. Wir wollten in ihren schwersten Momenten für sie da sein. Das ist es, was eine Familie tut. Es gibt Zeiten, in denen wir uns in wirklichen Schwierigkeiten wiederfinden, in denen wir enorme Probleme zu bewältigen haben. Freunde laufen vielleicht weg und kommen nicht wieder. Freunde möchten sich nicht mit dir identifizieren. Meistens sind Freunde nur dann da, wenn es gut zu laufen scheint.

Wenn wahre Probleme auftauchen und Freunde sich zurückziehen, oder es meiden, mit dir zusammen zu sein, sind die Menschen, die für dich da sind, die einzig wahre Familie. Die Familie wird immer zu dir halten, egal, wie schlimm die Dinge für dich werden. Die Familie wird dich nie aufgeben, selbst wenn alle anderen dich aufgeben. Auch wenn meine Schwester uns aufgegeben hat, haben wir sie nicht aufgegeben.

Wir wollen ihr beistehen, auch wenn wir ein wenig Abstand zu ihr halten, weil sie nicht geimpft ist. Hoffentlich erkennt sie, dass sie einen Fehler gemacht hatte. Doch bis es so weit ist, hatte ich mich bereits entschlossen, den Teufelskreis zu durchbrechen, weil ich nun verstand, warum sie tat, was sie tat.

Ich weiß, dass so viele Menschen von ihren Familienmitgliedern enttäuscht sind. Diese Menschen sind wütend auf ihre Familienmitglieder, weil sie beschlossen haben, über ihr Leben uneingeschränkt zu verfügen und sie nicht in diese Entscheidung mit einbezogen haben. Wenn Sie auf ein Familienmitglied wütend sind, weil es Ihnen das angetan hat, ist das sehr verständlich. Ich bin selbst einmal in einer solchen

Situation gewesen und kenne das Gefühl. Ich habe die Leute etwas darüber sagen hören. Damals habe ich es nicht als eine große Sache angesehen, aber jetzt habe ich es erlebt. Ich weiß jetzt genau, wie es sich anfühlt, wenn man in der Situation ist, dass ein Familienmitglied sich weigert, einem zu sagen, dass es selbst den Tod in Kauf nimmt. Wenn du also jetzt in dieser Situation bist und verletzt bist, verstehe ich dich, ich verstehe dich. Aber ich möchte, dass du etwas weißt. Dein Familienmitglied, das diese Entscheidung getroffen hat, hat diese Entscheidung getroffen, weil es dich liebt und sich um dich sorgt. Diese Entscheidung haben sie nicht getroffen, weil sie dich verletzen wollten.

Manche kranken Menschen sind nicht in der Lage, wichtige Entscheidungen über ihr Leben selbst zu treffen. Deshalb muss in einem Krankenhaus immer ein Familienmitglied Papiere unterschreiben, bevor mit der Behandlung begonnen werden kann. Manche Familienangehörige möchten den Arzt nur darum bitten, sie in Ruhe zu lassen, weil sie nicht gestresst werden wollen. Und das, obwohl sie wissen, dass sie möglicherweise an den Folgen dessen sterben, weswegen sie überhaupt im Krankenhaus erschienen sind. Aus diesem Grund werden die meisten Entscheidungen von einem Familienmitglied oder einem Familienangehörigen getroffen. Wenn du einen Familienangehörigen hasst, weil er sich geweigert hat, dich in die Realität seines Gesundheitszustands einzuweihen, verstehe ich dich. Du hast Recht mit diesem Gefühl, aber ich möchte, dass du weißt, dass es nicht richtig ist, beleidigt oder verletzt zu sein.

Es ist an der Zeit, ihnen zu vergeben. Es ist an der Zeit, ihnen zur Seite zu stehen. Es ist an der Zeit, ihre Stärke zu sein. Du denkst vielleicht, dass sie an der Krankheit sterben werden, aber die Wahrheit ist, dass sie in den meisten Fällen nicht sterben, sondern sie überleben. Sie erholen sich von der Erkrankung, und ihre Genesung gelingt, sobald ein Familienmitglied herausfindet, was sie vorhatten, und sie davon abhält. Nachdem du nun erfahren hast, was dein Familienmitglied vorhat, und es keineswegs vernünftig ist, solltest du dem ein Ende setzen. Sie müssen diese Krankheit überwinden, und sie werden es mit Sicherheit tun, weil du jetzt ein Teil von dem Ganzen bist. Nach allem, was passiert ist, ist die Liebe der Grund für alles. Sie konnten es dir nicht sagen, weil sie dich lieben. Es macht dich rasend, nachdem du entdeckt hast, dass du sie liebst. Ihr liebt euch alle, und diese Liebe ist so stark, dass sie ihnen hilft zu überleben.

Tipp:
Respektiere die Entscheidungen deiner Lieben.

Selbst wenn sie am Ende nicht mehr da sind, was manchmal passieren kann, sorgt dafür, dass ihre letzten Momente unvergesslich bleiben. Sorge dafür, dass sie die Welt mit einem Lächeln im Gesicht verlassen. Lösche alles aus, was dich bereuen lässt, vergib ihnen und heile dich von deiner Vergangenheit.

The Drama Triangle (Forgive The Past)

Friend who wronged me

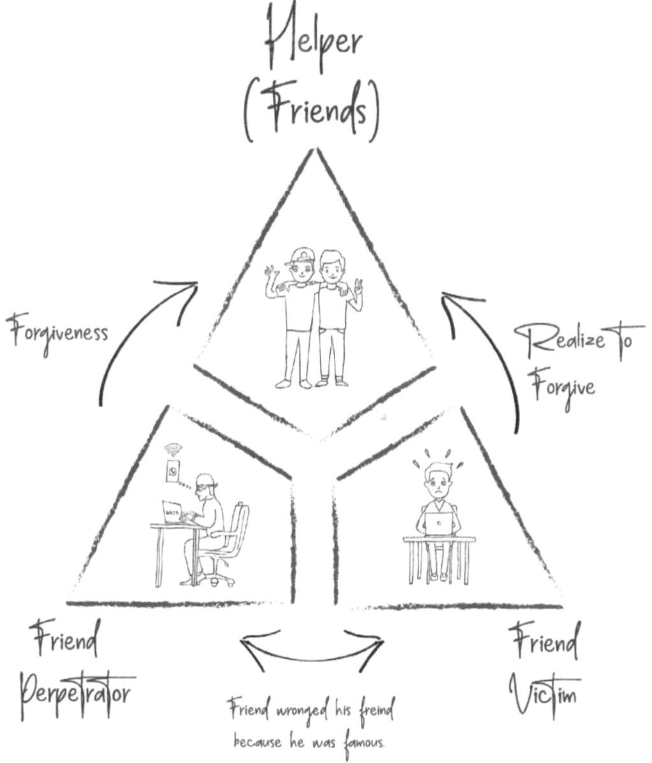

Kapitel 5

Jeder hat das Recht auf Liebe: auch die zweite Frau meines Vaters.

Kein Kind ist glücklich, wenn es sieht, dass seine Eltern Schwierigkeiten wegen einer anderen Frau haben. Ich erinnere mich an einen Erwachsenen, dessen Vater eine Geliebte hat. Die Geliebte gehörte früher zu seinen Mitarbeitern, aber irgendwann führte eines zum anderen, und sie begannen, regelmäßig miteinander zu schlafen. Sie entwickelten ein Verhältnis, wobei ich nicht weiß, ob ich sie als „Liebhaber" bezeichnen würde. Der Mann war verheiratet und hatte erwachsene Söhne, und diese Frau kannte sie alle. Sie kannte auch die Ehefrau des Mannes, aber das war ihr egal. Ich glaube nicht, dass sie wollte, dass der Mann sich von seiner Frau scheiden lässt und sie heiratet. Soweit würde es nie kommen, denn dieser Mann liebt seine Familie. Was zählte, war, dass er die Mutter seiner Kinder mit dieser Frau betrog. Als die Kinder das herausfanden, waren sie wütend. Sie konfrontierten die Frau mehrmals damit und bedrohten sie sogar. Sie konnte sehen, wie sehr die Kinder es hassten, was sie mit ihrem Vater tat. Sie wollten nicht, dass ihre Mutter ihren

Vater mit jemandem teilt. Sie wollten nicht, dass ihnen jemand das wegnimmt, was ihrer Mutter gehörte. Ich weiß nicht, ob seine Mutter später herausfand, was vor sich ging, aber was ich damit sagen will, ist, dass die Kinder dieses Mannes alles dafür unternahmen, um zu verhindern, dass ihr Vater mit dieser Frau zusammen war, ohne dass ihre Mutter davon wusste.

Bevor mein Vater meine Mutter verließ, war er mit einer anderen Frau zusammen. Das hat immer wieder zu Problemen zwischen ihm und meiner Mutter geführt. Meine Mutter deprimierte es, dass er sie betrog. Er führte die Affäre jedoch auf sehr unverblümte Art und Weise fort. Sie liebte ihn sehr, also blieb sie bei ihm, obwohl er sie betrog. Eines war jedoch sicher: Sie verachtete die Frau, mit der mein Vater sie betrog. Wir schienen nicht viel von dem zu bemerken, was damals geschah. Mütter lieben es, ihren Kindern zu zeigen, dass ihr Vater ein großartiger Mensch ist, auch wenn ihr Vater kein großartiger Mensch war. Deshalb sehen manche Kinder ihre Väter weiterhin als Vorbilder, ohne zu wissen, was genau sie getan haben, was ihnen vorenthalten wurde. Sie finden diese Dinge erst später heraus, nachdem sie erwachsen geworden sind. Wir wussten zu der Zeit nicht, was passiert ist. Unsere Mutter war nicht der Typ, die ihren Kindern zeigte, dass sie harte Zeiten durchmachte. Sie versuchte immer, für uns einen guten Eindruck zu erwecken, was dazu führte, dass wir die tatsächliche Situation nicht immer mitbekamen. Das ging so weiter, bis wir anfingen, die Dinge zu begreifen. Uns wurde gesagt, dass sich unsere Eltern trennen würden. Mein Vater war derjenige, der die Scheidung wollte. Meine Mutter war dazu nicht bereit. Ab diesem Zeitpunkt war ich nicht der Einzige, der begann nur auf Dinge zu achten, die wir bis dahin nicht bemerkt hatten. Am ersten Tag, als ich die Frau sah, die mein Vater meiner Mutter vorgezogen hatte, war ich unglaublich wütend auf sie. Sie versuchte, nett zu mir zu sein, aber ich ignorierte sie. Ich sah in ihr die Frau, die versuchte, unsere Familie auseinanderzureißen. Ihretwegen war unsere Familie nicht so perfekt, wie sie sein sollte. Ich mochte sie vom ersten Augenblick nicht, und noch weniger, als mein Vater die Scheidung durchzog. Nach der Scheidung zogen die beiden zusammen und begannen, zusammen zu wohnen. Ich war so sauer auf meinen Vater, aber ich konnte nichts tun, weil ich noch klein war. Er schien sein Leben mit der neuen Frau zu genießen. Die Frau, die er geheiratet hatte, verabscheute ich. Ich hätte nie gedacht, dass ich ihr jemals verzeihen, ja vergeben würde. Sie, so empfand ich, ist für die Zerstörung unseres Zuhauses verantwortlich. Ich redete mir immer wieder ein, dass meine Mutter und mein Vater ohne sie noch verheiratet gewesen wären.

Ich sah in ihr die Ursache für alle Probleme in unserem Elternhaus.

Ich habe die Frau abgelehnt, die mein Vater geheiratet hat. Aber einige Dinge habe ich nicht berücksichtigt. Die Wahrheit ist, dass mein Vater meine Mutter wahrscheinlich mit einer anderen Frau betrogen hätte, wenn er sie nicht gewesen wäre. Vielleicht hätte er meine Mutter sogar mit mehreren anderen Frauen betrogen. Es war also nicht ihre Schuld, dass mein Zuhause im wahrsten Sinne des Wortes in Stücke gerissen wurde. Mein Zuhause war bereits durch das Verhalten meines Vaters zerrissen worden.

Er hat meine Mutter betrogen, so dass die Ehe zwischen ihm und meiner Mutter niemals funktionieren konnte, weil meine Mutter eine selbstbestimmte, eifersüchtige Frau war. Er hat sie mit dieser Frau betrogen, und daran ist später ihre Ehe zerbrochen.

Eine weitere Sache, die ich über diese Frau herausfand, war, dass sie eine einsame Frau war. Es gibt Dinge über sie, die ich nicht erzählen möchte, aber sie war eine einsame und leere Frau. Das war der Grund, warum sie meinen Vater nicht verließ, selbst als sie herausfand, dass er verheiratet war und vier Kinder hatte. Ich habe immer gedacht, dass sie uns unseren Vater weggenommen hat, aber das war nicht die passende Art, die Geschichte zu erzählen. Unser Vater hat sich selbst entfernt. Er war derjenige, der beschlossen hat, uns zu verlassen, und es war niemals die Schuld dieser Frau. Sie war keine Frau, die ich als gut bezeichnen würde, aber sie war auch keine böse Frau.

Sie war einfach jemand, der Liebe und Fürsorge brauchte und von meinem Vater nichts anderes wollte als seine Liebe und die Zuwendung, die er ihr schenkte.

Ich konnte das damals nicht erkennen, weil mein Verstand von falschen Vorstellungen getrübt war. Ich befand mich in einem Teufelskreis. Ich befand mich in einem Teufelskreis mit meinem Vater. Ich befand mich in einem Teufelskreis mit dieser Frau, die er geheiratet und für die er meine Mutter verlassen hatte. Aber als die Zeit reif war, erkannte ich, dass ich im Innersten kein freier Mann war. Ich bestrafte mich selbst geistig. Es war geschehen, mein Vater war mit ihr zusammen, und er war glücklich. Es war eine Entscheidung, die er für sich selbst getroffen hatte. Wahrscheinlich liebte er meine Mutter nicht so sehr, wie er diese Frau liebte.

Vielleicht hat er sie deshalb mit dieser Frau betrogen, vielleicht hat er meine Mutter auch nur aus Bequemlichkeit geheiratet und sie nie geliebt.

Er war mit dieser Frau glücklich, und sie war auch mit ihm glücklich. So ungern ich es auch zugeben wollte, sie passten perfekt zueinander. Ein weiterer Grund, der mich dazu brachte, aus diesem Teufelskreis auszubrechen und nicht zuzulassen, dass die negativen Gefühle, die ich für diese Frau empfand, mich kontrollierten und mir die Freude nahmen, war, dass meine Mutter ebenfalls glücklich war.

Der Mann, mit dem sie zusammenkam, liebte sie und behandelte sie besser als mein Vater sie in ihrer Ehe. Es war also ein langwieriger Prozess voller Hass, Wut und Schmerz, aber am Ende waren alle drei glücklich.

Das brachte mich zu dem Entschluss, dass es an der Zeit war, es loszulassen. Ich arbeitete an meinem Herzen. Ich kontrollierte, was ich über sie dachte, ich akzeptierte sie, und mit der Zeit wurde ich von all dem geheilt, was mich an ihr gestört hatte.

So viele Familien zerbrachen auf diese Weise. Als Kind, das in einer Familie aufwächst, wird niemals glücklich sein zu sehen, wie der Vater die Mutter verlässt, die nichts anderes getan hat, als ihn mit aller Kraft zu lieben.

Manche Kinder versuchen, damit klarzukommen, aber den meisten Kindern gelingt das nie. Du wirst erfahren, was sie über die ganze Sache dachten, wenn ihr Vater anfängt, mit der Frau zusammenzuleben. Wann immer sie ihren Vater besuchen oder bei ihm wohnen, lassen viele ihre Aggressionen auf jede erdenkliche Weise an dieser neuen Frau aus.

Sie machen ihr das Leben schwer und kommen niemals mit ihr klar, egal, wie sehr sie sich bemüht, gut zu ihnen zu sein.

Manchmal mag es gelingen, dass die Kinder mit der neuen Frau ihres Vaters zurechtkommen, wenn ihr Vater ihre Mutter verlassen und sie geheiratet hat. Die meisten dieser Kinder brauchen eine längere Zeit, bis sie die Frau akzeptieren konnten.

Meiner Erfahrung nach gibt es also keinen Grund, die Frau abzulehnen, die den Platz deiner Mutter eingenommen hat. Zumindest solltest du sie nicht zu lange negativ sehen. Es gibt einige Dinge, die du bedenken musst. Vielleicht war die Ehe deiner Eltern bereits sehr belastet. Solche toxischen Ehen sind häufig die Ursache für häusliche Gewalt und sogar für Todesfälle in Familien. Ist es nicht besser, sich zu trennen, wenn eine Ehe sehr toxisch und kaum noch zu kontrollieren ist? Stell dir vor, du verlierst deinen Vater oder deine Mutter wegen häuslicher Gewalt und der andere sitzt jahrelang im Gefängnis. Wie würdest du dich fühlen? Ist es nicht besser, wenn sie sich trennen und am Leben bleiben und sich um ihr Glück kümmern? Die Frau, die deinen Vater deiner Mutter wegnahm, könnte vielleicht eine große Hilfe sein. Ja, sie könnte eine Hilfsperson sein. Sie hätte verhindern können, dass ein Elternteil von euch stirbt. Dein Vater hätte deine Mutter angreifen können, deine Mutter hätte deinen Vater vernichten können, aber diese Frau war zur Stelle und hat all das verhindert.

Tipp:

In dem Moment, in dem du anfängst, sie oder ihn als Helfer/
in zu sehen, beginnst du die Notwendigkeit zu spüren, all den
Groll loszulassen, den du bereits gegen sie aufgebaut hattest.
All den Groll, der so sehr an dir genagt hat, den Groll, der
verleugnet worden war. Du bist ein Moment des Glücks. Wie
ich sagte, ist derjenige, der sich weigert zu vergeben, wie ein
Wächter. Jeder Wächter ist wie ein Gefangener. Der Wächter
muss wachsam bleiben und den Gefangenen beobachten.
Mit anderen Worten, der Wärter ist ein Gefangener für den
Gefangenen. Wenn du dich also weigerst, zu vergeben, bist
du ein Gefangener, der jemand anderen eingesperrt hat.
Vergib ihr. Heile dich von den Schmerzen, an denen du zu
lange festgehalten hast. Sieh das Gute in dem, was sie getan
hat. Du wirst so viele Gründe finden, ihr zu vergeben.

The Drama Trainagle

Forgive the past

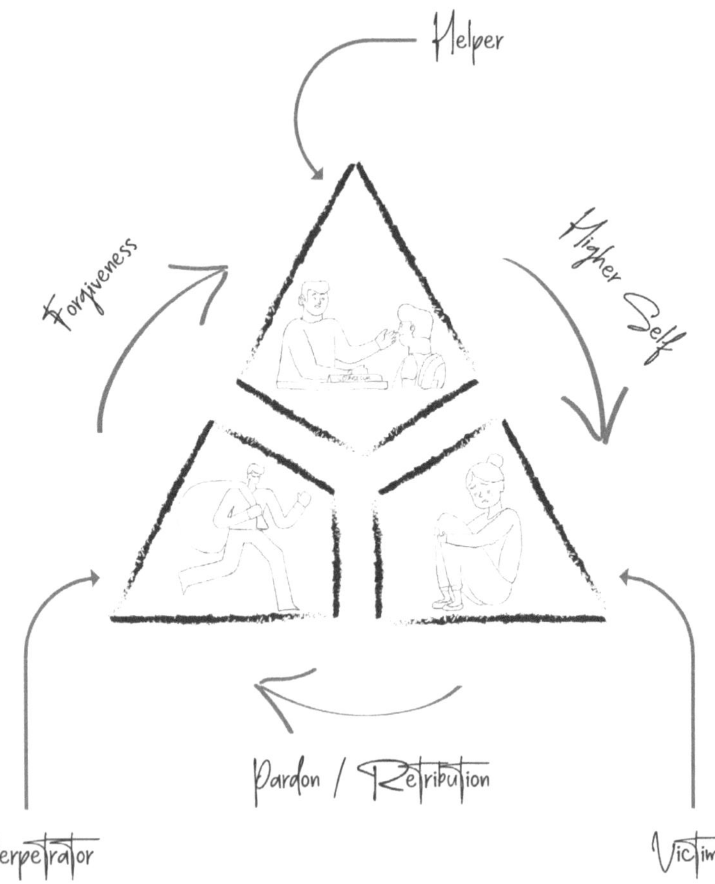

My-mindguide.com

Kapitel 6

Die Gnade der Selbstvergebung erleben. Meine Story:

Hast du dich jemals in einer Situation befunden, in der du dich zurücklehnst und auf all die Lebensgewohnheiten zurückblickst, die du in der Vergangenheit gelebt hast. Wie dein Verhalten war und einige Dinge, die du getan hast, und dich im Nachhinein für dich selbst schämst? Warst du jemals in dieser Situation?

Jeder hat einen entscheidenden Moment, der einem die Augen öffnet. Bei manchen kommt er früher als bei anderen. Bei anderen kommt er später, und wieder andere schaffen es nie, etwas in ihrem Leben zu ändern, egal wann dieser Moment kommt. Ich habe ein paar Leute getroffen, die ich von früher her kannte. Ich kannte einige dieser Menschen und wusste, welchen wilden Lifestyle sie früher führten. Als ich sie dann schließlich traf, haben sie sich sehr verändert. Einige von ihnen sind sogar Priester geworden. Die meisten von ihnen bereuen es, dass sie damals gewusst haben, was sie heute wissen. Sie sind überzeugt, dass sie es besser gemacht hätten, dass sie ein besseres Leben geführt hätten als das, welches sie damals führten.

Ich kannte diesen Mann. Er war so etwas wie das zweitälteste Kind in seiner Familie. Ich kannte ihn, als er noch sehr klein war. Ich war ein bisschen älter als er. Er hatte eine Schwester, die älter war als er. Ich glaube nicht, dass ich jemals ein Kind gesehen habe, das so stur war wie dieser Typ. Er war nie auf einer Wellenlänge mit seinen Eltern. Er hatte etwas mehr Glück als ich, was das Zusammenleben von Vater und Mutter betraf. Seine Eltern lebten zusammen, und sie hatten sich nie scheiden lassen. Sie lebten glücklich und zufrieden. Dieser Typ war dafür bekannt, dass er immer Kontakt zu den wilden Jungs in der Nachbarschaft hatte. In der Gegend gab es immer Kinder, von denen jede Mutter und jeder Vater ihren Kindern sagte, sie sollten sich von ihnen fernhalten. Diese Kinder waren dafür bekannt, dass sie einen schlechten Einfluss auf alle Kinder hatten, die mit ihnen zu tun hatten. Man vermutete, dass diese Kinder den anderen Kindern in der Nachbarschaft beibrachten, wie man einen wilden Lebensstil führt. Sie brachten den Kindern bei, wie man kämpft, stiehlt, Drogen nimmt und viele andere Dinge. Es gab kaum ein Jugendlicher in ihrer Gemeinschaft, der die Schule ernst nahm.

Der Junge, von dem ich hier spreche, war also eines dieser Kinder. Er war in viele Schlägereien verwickelt; er nahm Drogen und musste sogar die Schule abbrechen. Seine Eltern waren so wütend auf ihn, als er nicht mehr zur Schule ging. Sie taten alles, was sie konnten, um ihn wieder auf die Beine zu bringen, aber es gelang ihnen nicht. Erst starb seine Mutter und einige Jahre später sein Vater. Er war auf sich allein gestellt.

Seine Schwester lebte anfangs nicht bei ihnen, sondern bei einem Verwandten, da sie noch klein war

Er war so stur, dass er sich keine Zeit nahm, um schöne Momente mit seinen Eltern zu verbringen. Er schloss die Schule nicht ab und hatte auch sonst nichts vorzuweisen. Seine Eltern lebten von Sozialhilfe und besaßen nicht viel.

Als sein Vater krank wurde, hatte er seinen Verstand fast wieder im Griff. Er gab fast alles aus, was sie besaßen, als sein Vater krank war. Alles war weg. Er stand demütig vor dem nichts. Als ich ihn das letzte Mal sah, war er voller Reue. Er sagte mir, er könne sich seinen damaligen Lebensstil nicht verzeihen. Er sagte mir, er wünschte, er könnte die Uhr zurückdrehen, dann hätte er seine Eltern besser behandelt. Ich habe ihn damals beneidet, weil seine Eltern zusammenlebten, obwohl er immer noch nicht der Sohn war, den sie sich wünschten.

Es widert mich an, wenn ich an den Lebensstil zurückdenke, den ich in meiner ersten Ehe pflegte.

Sicher, ich hatte viele Wunden zu heilen, innere Verletzungen zu überwinden, und viele innere Verletzungen zu überwinden.

Ich hatte mit zahlreichen Depressionen zu kämpfen.

Ich möchte meine Handlungen nicht entschuldigen, aber ich suchte Bestätigung bei anderen Frauen, ohne auf die dadurch verursachten Verletzungen zu achten.

Es war damals selbst eine Herausforderung, mir selbst treu zu bleiben. An diese Momente erinnere ich mich am besten.

Meine Frau war die beste Frau, die ich mir in dieser Zeit wünschen konnte.

Sobald ich die Kontrolle über mich selbst erlangt hatte, wurde mein freizügiger Lebensstil zu einem Teil meiner inneren Verletzungen. Mein promiskuitiver, rücksichtsloser Lebensstil verletzte nicht nur meine Frau, sondern in gleichem Maße auch mich. Ich litt darunter meinen eigenen Ansprüchen nicht zu genügen.

Es war ein Teufelskreis zwischen mir und meinem Selbst. Zwar konnte ich mich aus anderen Teufelskreisen befreien, aber ein solcher schien mir hartnäckiger zu sein als meine Selbstbeherrschung.

Ich verabscheute mich bis zum Schluss. Ich fühlte mich so schlecht. Mir war oft zum Weinen zumute, wenn ich meine Frau sah und mich selbst in ihr spiegelte. Es war schrecklich für mich. Ich fühlte mich schmutzig und unverdient. Es kostete mich viel Kraft, in diesen Momenten bei Verstand zu bleiben.

Schuldgefühle plagten mich und verschafften mir schlaflose Nächte.

Dann auf einer Reise durch Afrika – mitten im Busch über Wellblechpisten ratternd – wurde mir schlagartig klar, dass ich mir nicht die Schuld an der Vergangenheit geben konnte.

Die Fehler, die ich in meiner Vergangenheit gemacht habe, habe ich bereut und versuche, sie aus besten Kräften wieder zu heilen. Für mich sind sie vorbei. Ich musste aufhören, mir die Schuld zu geben. Stattdessen beschloss ich, mich auf die Gegenwart zu konzentrieren und nur im Hier und Heute zu leben. Ich sollte aus jedem Fehler, den ich mache, lernen und das Beste daraus machen, um mir in der Zukunft zu helfen. Ich habe den Kampf gewonnen und den Teufelskreis in mir durchbrochen. Ich war endlich in der Lage, mir selbst zu vergeben.

Meine erste Frau war zu verletzt, um das zu verkraften. Ihr Herz war nicht mehr bereit zu ver-geben und verzeihen wäre für eine dauerhafte Liebe zu wenig gewesen. Ihre Liebe war versiegt. Wir ließen uns scheiden, und sie fand einen anderen Partner.

Nein, ich hatte keine Schuldgefühle mehr, nur Dankbarkeit für die schönen Jahre. Ich durfte aufhören, mich zu quälen und im Hier und Jetzt zu sein. Die Gnade der Selbstvergebung heilte mich von den selbst zugefügten seelischen Wunden.

Es gibt Menschen, die aufgrund ihres früheren Lebens ihren Lebenssinn gefunden haben. Einige Therapeuten, die Drogensüchtige beraten, waren selbst einmal drogenabhängig. Die meisten Ehetherapeuten hatten es sehr schwer, bevor sie Eheberater wurden. Ganz gleich, welchen Lebensstil du geführt hast, als du im Dunkeln getappt bist, lass nicht zu, dass er dich zu lange verfolgt.

Tipp:
Bestrafe dich nicht für einen Fehler, den du gemacht hast, als du noch in der Dunkelheit gefangen warst. Nur Menschen, die selbst einmal im Dunkeln waren, können anderen

erzählen, wie schlimm es ist, im Dunkeln zu leben. Betrachte deinen vergangenen Lebensweg als eine Etappe und denke daran, dass du immer die Kraft hast, die Richtung zu ändern. Arbeite an dir und du wirst die Gnade der Selbstvergebung erfahren.

In meinem Buch „Vergebung und Selbstvergebung" beschreibe ich die Wege und Techniken im Detail.

1
Vicious Circle
Helper
Perpetrator
Victim
2
Helper
Father
Son
Little Boy
3
Son
Mom
4
Brother
Sister
5
2nd Wife
6
Good 1
Bad 1
7
Greedy Partner
8

Kapitel 7

Wie eine Tat befreien kann

Das Leben verläuft nicht immer wie geplant. Manchmal planst du, wie dein Leben verlaufen soll. Du setzt jeden Mechanismus in Gang, von dem du glaubst, dass er deine Pläne zum Funktionieren bringen wird. Du erwartest, dass sich alles ideal bewegt, um genau das Ziel zu erreichen, das du im Leben hast. Am Ende hast du das Ziel, das du im Sinn hattest, nicht erreicht - obwohl du dein Bestes getan hast. Nichts trifft einen so hart, wie wenn man sein Leben plant, und dann kommt etwas dazwischen und macht alle Pläne zunichte, die man sich vorgenommen hat.

Manchmal stellt man einen Plan auf, wie man sein Leben gestalten möchte. Dein Projekt ist vielleicht nicht besonders großartig von außen betrachtet. Für dich ist es aber dein Projekt und du fühlst, dass es zum Erfolg führt. Es mag nicht etwas sein, das dich über Nacht reich macht. Es mag etwas sein, das lange Zeit braucht, um erfolgreich zu werden. Vielleicht braucht es sogar ein Wunder, um mit deinem Plan in kurzer Zeit sehr groß rauszukommen.

In dir wächst die Gewissheit, dass du in der Lage sein wirst, von deinem Vorhaben zu leben. Du fühlst es ganz intensiv und stürzt dich in die Arbeit und bist auf eine unerklärliche Weise glücklich und erfüllt.

Nun, während du gerade versuchst, deinen Plan auszuführen, kommt irgendetwas dazwischen. Diese Situation kommt so plötzlich, sie kommt aus dem Nichts, aber sie hat die Kraft, dein Leben für immer zu verändern.

Alles steht jetzt plötzlich auf dem Kopf. Dein ursprünglicher Plan ist Makulatur und trotzdem hast Du dich entschieden, alles Bisherige aufzugeben und dieses neue Geschäft zu verfolgen, weil es sich so vielversprechend anfühlt.

Das war die Situation, in der ich mich befand. Ich hatte meine Pläne, die vielleicht nicht genial waren und generell befand ich mich in einer sehr komfortablen Situation.

Alles war darauf ausgerichtet langsam , aber stetig zu wachsen und ich war sicher, mit der Zeit groß rauszukommen.

Dann kam dieser Mann mit einem überraschenden Angebot zu mir. Er hatte einen Plan. Er ließ mich an seinem Traum teilhaben, und sein Plan klang fast besser als mein eigener. Es war etwas, worüber ich in dieser Phase meines Lebens nicht nachgedacht hatte.

Er wollte mich als 50%-Partner seiner bereits gegründeten Werbeagentur gewinnen. Er setzte alles daran, mich zu überzeugen, damit wir es gemeinsam schaffen konnten.

Er glaubte, ich hätte das Zeug dazu, die Agentur voranzubringen. Ich akzeptierte seinen Plan, weil er vielversprechender aussah als der Plan, den ich hatte. Wir setzten seinen Plan sofort in die Tat um. Ich beteiligte mich an der Werbeagentur und wir begannen damit, die Agentur neu auszurichten. Mein Ruf als Kreativer sorgte dafür, dass wir sehr schnell neue Kunden gewinnen konnten, für die wir hervorragende Arbeit leisteten.

Ich war immer überzeugt, dass eine ausgezeichnete Arbeit der beste Weg ist, um mehr Kunden zu gewinnen. Immer habe ich fantastische Arbeit über alles gestellt, wenn ich einen Kunden betreute. So wurde unsere Werbeagentur innerhalb kurzer Zeit so groß, dass wir schon im ersten Jahr von einem 50 qm Büro in ein 400 qm großes Büro umziehen mussten.

Wir verdienten ordentlich Geld und konnten gute Mitarbeiter einstellen. In der Branche sprach man über uns, unsere Kunden waren höchst zufrieden mit der Arbeit, die wir für sie leisteten. Die Empfehlungen unserer Kunden brachten uns immer weitere Kunden, ohne dass wir akquirieren mussten.

Die Dinge liefen sehr gut, bis zum dritten Jahr. Mein Partner, mit dem ich die Agentur immer zusammen leitete und in einer 50/50 Partnerschaft verbunden war, begann sich seltsam zu verhalten.

Zuerst konnte ich nicht verstehen, was los war, bis er mir klar sagte, dass er die Agentur nicht mehr mit mir teilen wollte, sondern dass er mich loswerden wollte, um sie allein zu führen.

Das war eine sehr verstörende Erfahrung.

Er überzeugte mich, meine Pläne zu ändern und in sein Agenturprojekt einzusteigen. Ich stimmte zu und fügte mich in seine Pläne ein.

Die Dinge liefen jetzt gut, und viel besser als jemals erträumt.

Selbst unsere kühnsten Vorstellungen wurden von der Realität übertroffen.

Dann kam er und wollte alles zerstörten, für das ich jahrelang gearbeitet und gekämpft habe.

Ich war enttäuscht, verletzt. Er war sehr egoistisch.

Ich verabscheute ihn bis aufs Blut. Ich wusste nicht, dass jemand so egoistisch sein kann. Es war eine Erfahrung, die mich für eine Weile schwer getroffen hat. Es war meine Lebensgrundlage, die er mir wegnehmen wollte. Ich habe mich mit ihm überworfen. Er wurde zu jemandem, den ich als meinen Feind ansah. Er wurde jemand, den ich aus ganzem Herzen verachtete.

Ich bereute es, meine Pläne aufgegeben zu haben, um seinen zu folgen. Lange Zeit mied ich ihn, mir missfiel alles an ihm, aber es gab eine Wendung in all diesen Dingen.

Jede Enttäuschung kann sich in einen Segen verwandeln. Hätte ich die Agentur noch mit ihm geführt, wäre ich in meinem Bereich nicht so groß geworden; ich hätte nicht daran gedacht, meine eigene Agentur 100% zu haben. Damals fühlte es sich an, als würde ich aus dem Spiel geworfen, aber es war tatsächlich ein Sprungbrett für mich, um zu wachsen.

Wäre es damals nicht so schlimm für mich gewesen, hätte ich keinen Grund gehabt, nach einem neuen Weg zu suchen, einem Schritt, die sich als die beste Option überhaupt herausstellte. Anfangs war ich wütend auf ihn, aber er war ein Helfer. Er half mir, indem er dafür sorgte, dass ich mich unwohl fühlte.

Wenn man sich in dem gegenwärtigen Zustand nicht mehr wohlfühlt, findet man zu sich selbst und entwickelt neue Stärken. Man wird dazu gedrängt, einen Schritt zu tun. Manche Menschen bleiben an einem Punkt im Leben stehen, weil sie sich mit dem Wenigen, das sie bekommen, zu wohl fühlen.

Ich war eigentlich zufrieden mit dem, wie es war, was ich hatte.

Nein, ich strebte gar nicht nach Alleinherrschaft. Aber dann hat er mir Probleme bereitet und mir dadurch geholfen, mein Potential zu entwickeln. Es kam völlig anders, als er und auch ich dies jemals gedacht hatten. Ich übernahm die Agentur allein, bezahlte ihn aus und dies war der Start zu einer enormen Entwicklung.

Statt Groll stellte sich Dankbarkeit ein. Ja, er war der Anlass – der Tritt, der mich auch meine kaufmännischen Fähigkeiten entdecken ließ. Wie konnte ich ihm da nicht vergeben – aus vollem Herzen.

Vielleicht hat sein Unterbewusstsein genau die richtige Entscheidung auch für mich getroffen und mir damit ein Sprungbrett in eine große Karriere verschafft.

Tipp:

In diesem Leben werden Menschen, denen du vertraust, dich betrügen. Menschen, auf die du dich verlässt, werden dich bereuen lassen, dass du dich jemals auf sie verlassen hast. Sie werden dich enttäuschen, aber die Wahrheit ist, dass sie dich enttäuschen müssen, damit du eine Alternative finden kannst. Sie müssen dich enttäuschen, damit du dich unwohl fühlst, damit du etwas Besseres und Bedeutsameres finden kannst. Erlaube nicht, dass die negativen Gefühle, in die sie dich getrieben haben, dich zu lange quälen. Vergib ihnen und geh weiter.

Let Go Process

Kapitel 8

Erfreue dich am Geben und Vergeben.

W ir leben in einer Welt, in der Menschen, die in der Lage sind, anderen zu helfen dies oft nicht tun.

Menschen, die in der Lage sind, das Leben anderer Menschen zu verbessern, ignorieren diese und tun so, als ob sie nicht wüssten, dass diese Menschen Hilfe brauchen.

Sie agieren, als ob sie sich nicht betroffen fühlen. Manche dieser Menschen weigern sich, anderen zu helfen, selbst wenn sie sehen, wie dringend diese Hilfe benötigen. Sie handeln aufgrund einer Reihe von bitteren Erfahrungen, die sie gemacht haben, als sie versuchten, Menschen zu helfen, von denen sie glaubten, dass sie ihre Hilfe benötigten.

Sie versuchten, jemandem zu helfen, von dem sie glaubten, dass er ihre Hilfe besonders nötig hatte, aber diese Person, der sie helfen wollten, drehte sich um und fiel ihnen in den Rücken. Sie verriet die Person und nutzte sie aus.

Die fatale Reaktion ist oft die Entwicklung einer Elefantenhaut: Nichts dringt mehr durch, nichts berührt mehr. Auch nicht die, die wirklich Hilfe verdienen. Wie kann man dieser Entwicklung entkommen?

Doch zuerst einmal einige wahre Geschichten.
Da war dieser Mann, der auf einer einsamen Straße fuhr. Dort sah er jemanden am Straßenrand stehen, der anscheinend festsaß. Diese Person bat ihn um eine Mitfahrgelegenheit. Er beschloss, dieser Person zu helfen, und nahm ihn in sein Auto mit, aber als sie noch unterwegs waren, richtete er eine Waffe auf ihn. Er bestahl ihn und schoss sogar auf ihn. Er hatte Glück, dass er den Schuss überlebte.

Wird diese Person, die diese Erfahrung gemacht hat, jemals wieder jemandem helfen, der irgendwo auf der Straße feststeckt?

In meiner Situation hatte ich Partner, die Freunde waren. Sie lernten mich kennen und baten mich, sie in mein Verlagsgeschäft aufzunehmen. Sie wollten von mir lernen und in die Branche einsteigen.

Ich war schon immer der Typ, der gerne auf Menschen zugeht, von denen ich glaube, dass sie meine Hilfe brauchen. Sie brauchten meine Hilfe, und ich fühlte mich verpflichtet, ihnen zu helfen. Nachdem sie bei mir geblieben waren und alles gelernt hatten, bot sich ihnen die Gelegenheit, mich zu verraten.

Keiner von ihnen hat je zurückgeblickt.

Sie haben mich verraten. Ich war überrascht, denn es waren Menschen, denen ich geholfen hatte. Es waren Menschen, deren Leben ich bereichert habe, aber sie verrieten mich.

Sie fielen mir in den Rücken, als ich es am wenigsten erwartete. Einige dieser Menschen waren meine besten Freunde.

Die meisten von ihnen waren Spione. Sie spionierten meine Geschäfte aus und dann eröffneten sie ihre eigenen. Sie haben mir nie in allen Einzelheiten gesagt, was sie eigentlich wollten. Hätten sie mir gesagt, dass sie vorhatten, ihr eigenes Geschäft zu eröffnen, hätte ich mich nicht schlecht gefühlt. Ich hätte ihnen trotzdem geholfen. Mein Verlagsgeschäft bestand darin, ein multimediales Magazin (Print + Online) in jeder Stadt oder jedem touristischen Zielort zu veröffentlichen.

Es war verrückt - jeder wollte an dieser neuen Geschichte teilhaben. So traten viele Leute an mich heran, um exklusiver Partner in einer bestimmten Stadt zu werden. Auch meine engsten Freunde haben mich gefragt - und ich habe sie anderen vorgezogen. Ich habe viele sehr talentierte und erfahrene Leute abgelehnt. Aber sie haben gegen mich gewettet. Jedes Mal, wenn sie mir das antaten, fühlte ich mich schlecht. Ich habe in meinem Leben schon viel durchgemacht. Deshalb möchte ich nichts mehr, was mich in einem Teufelskreis hält. Ich wusste, wie schwierig es für mich war, aus den meisten Teufelskreisen, in denen ich mich in der Vergangenheit befand, auszubrechen. Also musste ich alles tun, was ich konnte, um nicht in irgendeinen zu geraten.

Ich musste ihnen nicht nur verzeihen, sondern vergeben. Vergebung ist das schönste Geschenk, dass man sich und anderen gegen kann.

Tipp:

Ich freue mich aus tiefstem Herzen, wenn ich sehe, dass es ihnen in ihren Geschäften gut geht, und ich tue mein Bestes, um ihnen zu zeigen, dass ich nichts gegen sie habe. Ich befinde mich jetzt in einem anderen Seins-Zustand: Mein Seelenfrieden und meine geistige Gesundheit bedeuten mir sehr viel. Wenn mein Seelenfrieden und meine geistige Gesundheit intakt sind, kann ich sehr viel erreichen.

3 Main Forms of Hypnotherapy

My-mindguide.com

Kapitel 9

Vergebung schafft neues Glück

Als ich noch ein kleiner Junge war, gab es ein Pärchen, das ich manchmal in meiner Nachbarschaft sah. Sie waren die perfekte Definition dessen, was man ein ideales Paar nennt. Sie hatten selten Meinungsverschiedenheiten und sahen immer glücklich aus. Zu diesem Zeitpunkt hatten sie noch keine Kinder. Als Teenager wusste ich noch nicht, worum es in der Liebe geht. In meinem Alter hatte ich Freunde, die mir von Problemen mit ihren Freundinnen erzählten, und ich bot ihnen Lösungsvorschläge an. Damals hatte ich noch keine Freundin, aber ich war die Person, die alle immer nach ihrer Meinung fragten, wenn in ihrem Leben etwas nicht in Ordnung war.

Nach dem, was ich über die Liebe gelernt habe, glaube ich, dass etwas nicht verziehen werden sollte. Solange es um die Liebe ging, wurden einige Handlungen nie vergeben, und eine davon, so glaubte ich damals, war das Fremdgehen. Dieses Paar, das in meiner Nachbarschaft lebte, hatte nie Probleme, aber mir fiel etwas an dem Mann dieser Frau auf: Er hatte einen Freund, der ihn ständig besuchte, wenn seine Frau nicht zu Hause war. Dieser Freund war männlich, also habe ich das nie als problematisch angesehen. Er hatte einfach nur andere Freunde, und diese besuchten ihn manchmal, wenn seine Frau da war. Aber dieser Freund, von dem ich sprach, besuchte ihn nie, wenn seine Frau zuhause war. Für gewöhnlich ging der Ehemann jeden Morgen mit seiner Frau zur Arbeit und kehrte nie vor Feierabend zurück; es sei denn, besagter Freund war zu Besuch. Es gab Zeiten, in denen er mit diesem Freund nach Hause kam, und es gab Zeiten, in denen dieser Freund einfach ein paar Minuten nach seiner Rückkehr eintraf. Ich habe das nie als seltsam empfunden.

So war ich eines Tages zu Hause. Es war der Tag, an dem ich nicht zur Schule ging, weil ich etwas krank war. Ich saß nur vor dem Haus, weil mir schon vom Sitzen im Haus langweilig war. Die meisten Kinder in der Nachbarschaft waren schon zur Schule gegangen, also war ich das einzige Kind in der Nachbarschaft. Dann, gegen 10:00 Uhr morgens - ich hatte meine Uhr nicht dabei, als ich vor dem Haus saß, aber ich wusste, dass es ungefähr um diese Zeit war - kam dieser Mann nach Hause und ging in sein Haus. Etwa zehn Minuten später kam sein Freund herein und betrat ebenfalls das Haus. Es war dieser Freund, der noch nie zu Besuch war, wenn seine Frau da war. Normalerweise blieben sie etwa eine Stunde und dreißig Minuten oder fast zwei Stunden im Haus, bevor sie beide das Haus verließen. Aber ich bemerkte, dass die Frau dieses Mannes etwa vierzig Minuten später nach Hause kam. Sie hatte es eilig, als ob sie etwas verfolgte. Sie öffnete die Tür und betrat das Haus. Sofort fing ich an, Schreie zu hören. Ich konnte nicht verstehen, was da vor sich ging. Ich wusste, dass die Frau schrie. Ich wusste nicht, ob der Mann seine Frau verprügelte.

Innerhalb von fünf Minuten verließ der Freund des Mannes, der den Ehemann der Frau ständig besuchte, wenn die Frau nicht da war, das Haus. Er sah nicht glücklich aus. Der Mann und seine Frau blieben im Haus. Ich kehrte in das Innere unseres Hauses zurück, blieb aber in der Nähe des Fensters und versuchte zu lauschen. Das Paar blieb etwa eine Stunde lang im Haus. Der Ehemann verließ kurz darauf das Haus, aber seine Frau verließ den ganzen Tag über nicht mehr das Haus. Sie blieb im Haus. Ich hörte sie nicht mehr schreien, aber ich bemerkte auch, dass sie am nächsten Tag nicht zur Arbeit ging, da ihr Ehemann allein zur Arbeit ging.

Der Tag, an dem sie schrie, änderte vieles in ihrer Beziehung. Ich habe dieses Paar nie wieder auf der Straße gehen sehen, Händchen haltend oder schöne Unterhaltungen führend. Ich sah sie nie wieder Dinge tun, die Paare für gewöhnlich in der Öffentlichkeit taten. Zwei Wochen nach diesem Vorfall zog die Frau aus der Nachbarschaft weg. Später erfuhr ich, dass sie die Scheidung eingereicht hatte. Der Ehemann sah sehr traurig aus, nachdem seine Frau gegangen war. Innerhalb weniger Monate begann der Freund des Mannes, ihn wieder zu besuchen. Diesmal besuchte er ihn öfter als zu der Zeit, als die Frau des Mannes noch bei ihm lebte. Bald darauf endete die Ehe zwischen diesem Mann und seiner Frau. Später zog der Mann, der ihn besuchte, in die Wohnung ein, um bei ihm zu wohnen. Da ich damals noch ein Teenager war, konnte ich nicht so schnell begreifen, worum es bei der ganzen Sache ging, aber später wurde mir alles klar. Dieser Mann, von dem sich seine Frau scheiden ließ, war ein verborgener Homosexueller. Ich glaube, er wollte so leben wie die meisten Männer auf der Welt, und er versuchte zu dieser Zeit, seine

Sexualität zu verbergen. Seine Frau hatte ihn in dem Glauben geheiratet, er sei ein Heterosexueller. Sie wusste nicht, dass er schwul war. Sie fand es erst an dem Tag heraus, an dem sie die beiden erwischte.

Ich habe die Exfrau erst ein Jahr später wiedergesehen. Sie wirkte zufrieden und war mittlerweile mit ihrem Ex-Mann befreundet.

Sie wurde seine beste Freundin und dass ist wahre Vergebung. Wenn man jemandem aus vollem Herzen vergeben kann, das er einem angetan hat und von dem man glaubt, dass es falsch war. Wenn du auf negative Gefühle oder den Wunsch nach Vergeltung für jemanden verzichtest, der dir etwas angetan hat, dann entscheidest du dich, all den Hass abzulegen, den du für jemanden hegst. All den Groll, den du für jemanden angesammelt hast, weil er dir in der Vergangenheit etwas angetan hat, das dich verärgert hat.

Vergebung basiert nicht nur auf der Beziehung, die du mit jemandem hast. Vergebung ist nicht nur auf das beschränkt, was andere dir angetan haben. Vergebung kann aus dem Blickwinkel, dessen betrachtet werden, was du anderen und dir selbst angetan hast. Von einer anderen Perspektive aus betrachtet, kann man Vergebung auch so sehen, dass man in der Lage ist, sich selbst das zu verzeihen, was man anderen angetan hat und was man als nicht richtig empfindet. Es ist ein Akt, bei dem man in der Lage ist, die Bitterkeit aus seinem Herzen zu verbannen. Diese Bitterkeit entsteht bei dem Gedanken an das, was man anderen angetan hat, die vielleicht verdient haben, was man ihnen angetan hat, oder vielleicht nicht verdient haben. Aus einem anderen Blickwinkel betrachtet ist Vergebung, wenn du dir selbst das Unrecht verzeihen kannst, das du glaubst, dir angetan zu haben. Es ist der Zustand, in dem du akzeptierst, dass du aufhörst, dir selbst die Schuld für deine Handlungen oder unterlassenen Handlungen zu geben, von denen du glaubst, dass sie erheblichen Schaden, Kummer oder ungünstige Veränderungen in deinem Leben verursacht haben.

Bei der Vergebung geht es mehr um das, was wahrgenommen wird, als um das, was gesagt wird. Sie konzentriert sich mehr auf das, was gefühlt wird, als auf das, was ausgesprochen wird. Es braucht mehr als die gezeigten Taten, um Vergebung zu erfahren. Es gehört mehr zur Vergebung als nur eine Handlung. Jemand kann sagen, dass er dir vergeben hat, aber in Wirklichkeit hegt er immer noch einen tiefen Groll gegen dich in seinem Herzen. Man kann eine Handlung zur Schau stellen, die zeigt, dass man dir vergibt, während man in seinem Herzen immer noch das Verlangen hat, dir wegen des Vorfalls, für den man behauptet, vergeben zu haben, einen Schlag zu verpassen. Es braucht mehr als nur Worte, um jemandem zu verzeihen. Es braucht mehr als Taten, um jemandem zu verzeihen. Auch wenn gesprochene Worte und Taten konkrete Möglichkeiten sind, Vergebung zu zeigen, beginnt das Hauptbild der Vergebung mit dem Herzen.

Man beginnt, die Verwundbarkeit der anderen Person zu sehen. Man stellt sich vor, wie der inzwischen erwachsene Täter ein kleines Kind war. Wie dieses kleine Kind behandelt wurde. Du entdeckst die Wunden und die Verwundbarkeit bei ihm. Ja - auch er ist ein Opfer, und wenn du intensiv in deinem Herzen fühlst, wirst du anfangen, Mitleid zu empfinden. Und nun bist du in der Rolle des Helfers und hast dich aus der Opferrolle befreit. Natürlich kannst und wirst du die Tat nie vergessen - sie wird bleiben, wie sie ist, aber du kannst dem Täter vergeben und dich von den Fesseln der Opferrolle befreien.

Healing The Past

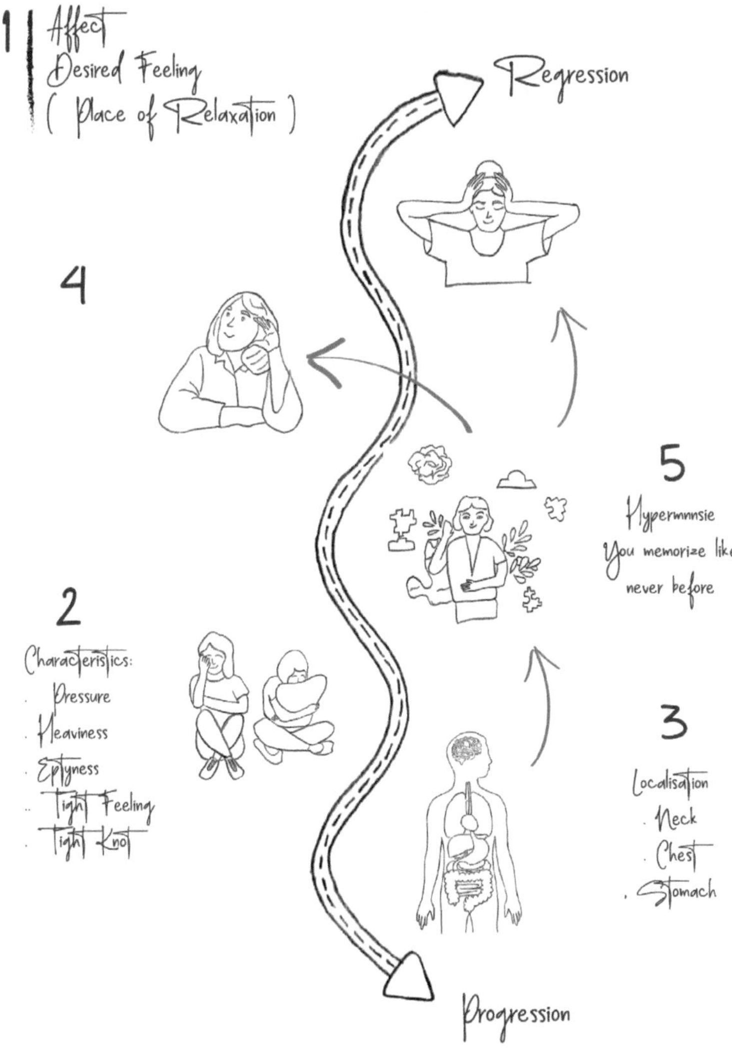

Kapitel 10

Vergebung muss reifen

Nach meinem ersten Liebeskummer war ich monatelang wütend auf meine Ex. Ich hasste sie für das, was sie mir angetan hatte. Zu diesem Zeitpunkt war ich zweiundzwanzig, aber ich hatte sie damals immer als jemanden gesehen, den ich heiraten würde. Wir waren so verliebt und hätten nie gedacht, dass eines Tages der Tag kommen würde, an dem wir beide nicht mehr miteinander sprechen würden. Ich glaube, ich habe mein Bestes gegeben, aber es hat nicht geklappt. Nach der Trennung habe ich versucht, es ihr auf jede erdenkliche Weise heimzuzahlen. Ich redete mit Mädchen, bei denen sie sehen konnte, dass ich sie in Verlegenheit brachte. Ich verabredete mich sogar mit einem Mädchen, in das ich nicht wirklich verliebt war, um ihr das Gefühl zu geben, dass ich sie vergessen hatte. Ich wollte ihr das Gefühl geben, dass es mir egal war, was sie getan hatte, was letztendlich zu unserer Trennung führte. Es gab so viele Dinge, die ich damals getan habe, die unreif waren, aber in Wahrheit war es so, dass ich, obwohl ich versucht habe, stark zu wirken, obwohl ich versucht habe, auf schmutzige Art und Weise zu handeln, besonders wenn sie zusah, verletzt war. Ich hatte Schmerzen. Der Schmerz über das, was geschehen war und schließlich zu unserer Trennung geführt hatte, musste erst noch heilen. Alles, was ich nach unserer Trennung tat, diente hauptsächlich dazu, mich an ihr zu rächen. Aber ich ruinierte mich selbst auf andere Weise. In einigen der Dinge, die ich tat, erkannte ich mich selbst nicht wieder. Ich musste eine andere Haltung an den Tag legen. Warum? Weil ich Schmerzen hatte. Ich wollte ihr wehtun, aber die eigentliche Person, der ich wehtat, war ich selbst. Ich verwandelte mich in den Idioten, den ich mein ganzes Leben lang gehasst hatte. All dies geschah, weil ich von all dem Schmerz, den sie mir meiner Meinung nach zugefügt hatte, noch nicht geheilt war.

Tipp:
Es gibt keine Möglichkeit, jemandem wirklich zu vergeben, wenn du nicht wirklich von dem Schmerz geheilt bist. Du stehst mit der Person, die dir etwas angetan hat, die dir das Herz gebrochen noch immer in energetischer Verbindung.

Heilung macht einen großen Unterschied zwischen dem, der vorgibt, jemandem vergeben zu haben, und dem, der jemandem tatsächlich vergeben hat. Heilung braucht Zeit.

Ist Deine Zeit für Vergebung reif?

The Drama Triangle (Forgive the Past)

Harassment

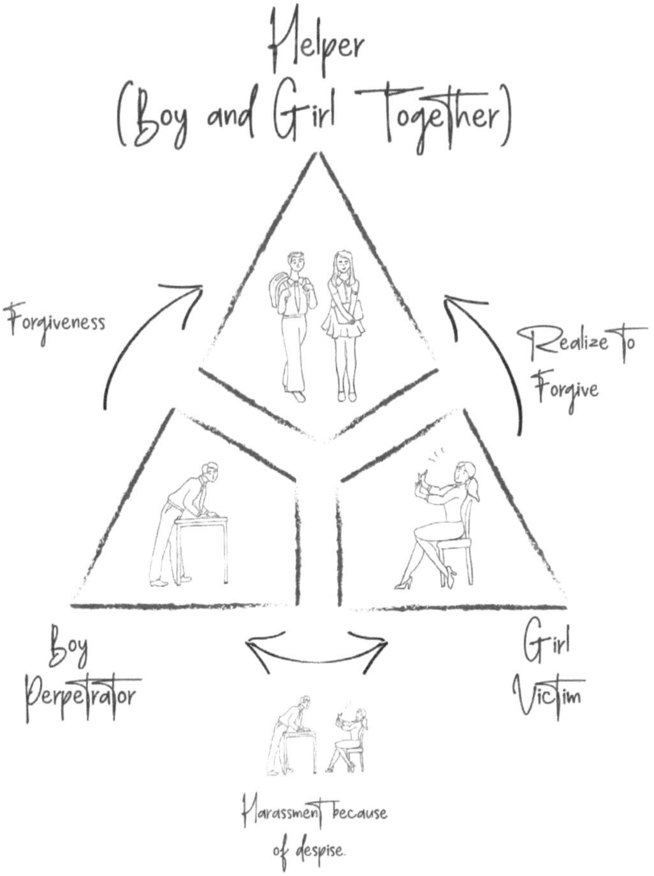

Helper
(Boy and Girl Together)

My-mindguide.com

Kapitel 11

Verzeihen und Vergeben.
Die ungleichen Geschwister

Erinnere dich daran, dass ich gesagt habe, dass Vergebung eher etwas ist, das wahrgenommen oder gefühlt wird, als etwas, das artikuliert und manifestiert wird. Der Unterschied zwischen dem Stadium dessen, was wahrgenommen wird, und dem Beginn dessen, was ausgesprochen und in die Tat umgesetzt wird, wenn es um Vergebung geht, ist „der Akt der Heilung". Du kannst weiterhin jeden Tag hundertmal sagen, dass du jemandem vergeben hast, aber du konntest es nicht wirklich tun.

Hier möchte ich auch noch den wichtigen Unterschied zwischen Verzeihen und Vergeben eingehen.

Verzeihen ist, wie das Wort schon sagt, dass ich ihm nicht mehr „zeihe" – also nicht mehr böse auf ihn bin. Keinen Groll mehr hege.

Vergeben ist viel mehr: Ich gebe etwas - mache ihm und mir ein Geschenk.

Der kritische Punkt ist, ob dein Herz bereit ist wirklich zu geben. Geben und damit vergeben ist immer ein Akt der Liebe und nur dann bringt es auch Heilung.

Alles dreht sich darum, ob du wirklich von dem Schmerz geheilt bist, den dir die Person zugefügt hat, der du behauptest, vergeben zu haben.

Heilung hat viel damit zu tun, wenn jemand versucht, sich selbst etwas zu vergeben, von dem er glaubt, dass er es sich selbst oder den Menschen in seinem Umfeld angetan hat.

Es gibt keine Möglichkeit, sich selbst wirklich zu vergeben, wenn man noch nicht von der emotionalen Qual geheilt ist, die man sich immer wieder selbst zufügt, weil man glaubt, anderen oder sich selbst etwas angetan zu haben.

Die Menschen leben mit Reue. Sie machen sich ständig Vorwürfe für etwas, von dem sie glauben, dass sie es anders hätten machen sollen. Sie machen sich immer wieder Vorwürfe, weil sie glauben, wenn sie etwas anders gemacht hätten, wäre das Ergebnis wahrscheinlich anders ausgefallen als es tatsächlich war. Sie glauben, wenn sie diese Person anders behandelt hätten, hätte sie wahrscheinlich nicht so gelitten, wie sie wegen ihnen gelitten hat. Sie glauben, wenn sie diese Person ignoriert hätten, wenn sie sich geweigert hätten, dieser Person zu helfen oder ihr zu vertrauen, hätte diese Person sie nicht so behandelt, wie sie sie behandelt hat. Diese Person, die sie so falsch behandelt hat, wäre ihnen nicht nahe genug gestanden, um sie auf diese Weise behandeln zu können. Sie glauben, dass das Leben für sie besser geworden wäre, wenn sie dies oder jenes getan hätten. Sie glauben, dass sie sich nicht in dem Zustand befunden hätten, in dem sie sich jetzt befinden, hätten sie etwas unternommen oder eine bestimmte Tätigkeit vermieden. Sie geben sich weiterhin selbst die Schuld oder beschuldigen die Menschen, die sie verletzt haben. Wenn Menschen sich in solchen Situationen befinden, können sie nicht heilen. Sie haben auf dem Weg zur Vergebung noch einen langen Weg vor sich.

Tipp:
Prüfe, ob Du schon Heilung erfahren hast, Dein Herz bereit ist zu geben, zu vergeben. Beginne mit der ersten Stufe der Vergebungsarbeit: verzeihe. Lass den Groll und die Bitterkeit los.

Hypnotherapeutic Instruments

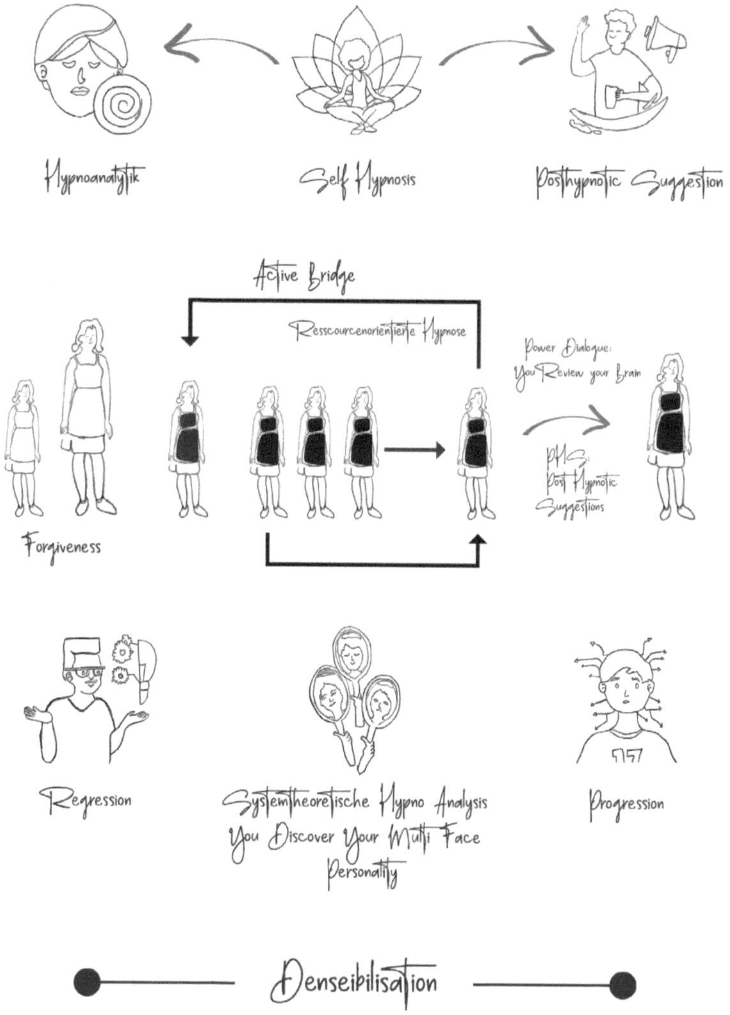

Hypnoanalytik

Self Hypnosis

Posthypnotic Suggestion

Active Bridge

Resscourcenorientierte Hypnose

Power Dialogue:
You Review your Brain

PHS:
Post Hypnotic
Suggestions

Forgiveness

Regression

Systemtheoretische Hypno Analysis
You Discover Your Multi Face
Personality

Progression

Denseibilisation

Kapitel 12

Befreit von Schuldgefühlen beginnt Vergebungsarbeit

Psychologen und Frauenärzte sind sich einig: Völlig unverständlich plagen Vergewaltigungsopfer oft Schuldgefühle. Sie werden nicht nur Verbrechensopfer, sondern auch noch Opfer ihrer eigenen Vorstellungen. Hauptgründe, warum sich die meisten Vergewaltigungsopfer so deprimiert fühlen und sogar selbstmordgefährdet sind, ist dass sie sich Mitschuld an dem Verbrechen geben.

Manche machen sich Vorwürfe, weil sie den Vergewaltiger zu nahe an sich herangelassen haben. Der Vergewaltiger könnte ein Freund sein. Er könnte jemand sein, dem sie vertrauten, ein Freund, von dem sie nie dachten, dass er sie jemals ausnutzen würde, aber er tat es. Diese Mädchen machen sich Vorwürfe und wünschen sich, dass er sie nicht vergewaltigt hätte, wenn sie sich mit diesem Freund anders verhalten hätten. Sie machen sich Vorwürfe. Sie sagen sich, wenn sie ihn nicht als Freund akzeptiert hätten, und wenn sie ihm nicht vertraut hätten, hätte er sie nicht vergewaltigt. Sie reden sich ein, dass er sie nicht sexuell missbraucht hätte, wenn sie an dem Tag, an dem sie zu ihm gegangen sind, nicht zu ihm nach Hause gegangen wären.

Sie geben sich selbst die Schuld, weil sie ihre Kleidung am Tag der Vergewaltigung als unangemessen betrachten.

Sie machen sich Vorwürfe, weil sie ihn in ihr Haus gelassen haben.

Da war diese verheiratete Frau, die ein wenig betrunken war. Sie war mit einem ihrer Bürokollegen zusammen, und er vergewaltigte sie ohne ihr Wissen. Sie war so wütend auf sich selbst. Sie war selbstmordgefährdet. Sie machte sich ständig Vorwürfe und sagte sich, wenn sie sich nicht betrunken hätte, hätte er sie nicht vergewaltigt. Allein der Gedanke, dass sie vergewaltigt wurde, weil sie diesem Freund vertraute, quälte sie.

Aber was sie noch mehr quälte, war der Gedanke, dass sie betrunken war. Sie hatte ein schlechtes Gewissen. Es gibt Vergewaltigungsopfer, die sogar so weit gehen, dass sie sich selbst die Schuld dafür geben, dass sie nicht in der Lage waren, sich ausreichend zu wehren, um die Vergewaltigung zu verhindern. Sie machen sich Vorwürfe, dass sie den Täter nicht von sich stoßen konnten, um die Vergewaltigung zu beenden. Sie machen sich Vorwürfe, dass sie nicht in der Lage waren, ihn so fest zu beißen, dass er von ihnen ablassen konnte. Sie machen sich Vorwürfe, weil sie ihm nicht genug Schläge verpassen konnten, um der Vergewaltigung ein Ende zu setzen.

Einige Frauen wurden mit vorgehaltener Waffe vergewaltigt. Obwohl ihr Vergewaltiger sie in Wirklichkeit erschossen hätte, wenn sie versucht hätten, etwas zu unternehmen, um die Vergewaltigung zu beenden, geben sie sich dennoch die Schuld, weil sie dieses oder jenes nicht getan haben. Manche der Dinge, die sie sich vorwerfen, sind ziemlich unrealistisch, weil der Vergewaltiger eine Waffe hatte, aber sie geben sich trotzdem die Schuld. Einige andere Menschen wurden mit vorgehaltener Waffe bei einem Raubüberfall vergewaltigt. Ihr Ehemann war wahrscheinlich dabei, als die Vergewaltigung stattfand. Sie geben ihren Ehemännern die Schuld, weil sie sie nicht gerettet haben, als die Vergewaltigung passierte. Sie geben auch sich selbst die Schuld, weil sie nichts unternommen haben. Die Tatsache, dass dabei eine Waffe im Spiel war, die jemanden hätte töten können, ist für sie nicht nachvollziehbar. Auch ihre Ehemänner werden bei den Schuldzuweisungen nicht außen vorgelassen. Ihre Ehemänner geben ihnen die Schuld, weil sie die Vergewaltigung nicht verhindert haben. So wie die Frau, deren Vergewaltigung in betrunkenem Zustand geschah, und von ihrem Mann dafür heftig beschuldigt wurde, woran ihre Ehe fast zerbrach. Manche Frauen wurden bei einem Raubüberfall mit vorgehaltener Waffe vergewaltigt. Ihre Ehemänner geben sich ebenfalls die Schuld. Die Ehemänner wünschten, sie hätten etwas anders gemacht, um die Vergewaltigung zu verhindern.

Die Wahrheit ist, dass ein Vergewaltigungsopfer, bevor es Fortschritte auf dem Weg zur Heilung machen kann, als Erstes aufhören muss, andere Personen zu beschuldigen als den Mann, der sie vergewaltigt hat. Er ist der Einzige, der für die Vergewaltigung verantwortlich gemacht werden sollte.

Es ist normal, dass Gedanken auftauchen. Es ist normal, dass Reue aufkommt, aber die einzige Person, die für die

Vergewaltigung verantwortlich gemacht werden sollte, ist der Vergewaltiger. Es ist auch nicht die Person, die dabei war, als die Vergewaltigung stattfand, die primäre und einzige Person, die für alles verantwortlich gemacht werden muss, ist die Person, die die Vergewaltigung durchgeführt hat. Bevor Sie Ihrer Partnerin oder Ihrem Partner die Schuld geben, denken Sie daran, dass auch sie oder er leidet. Ob mit oder ohne ihr Einverständnis, der Sex hat stattgefunden. Es muss sehr traumatisch sein, zu hören oder zu sehen, dass die Frau, die Sie lieben, Sex mit einem anderen hatte. Es ist traumatisch und verstörend zu sehen, wie dieser Sex vor Ihren Augen stattfindet, ohne dass Sie etwas dagegen tun können. Mit anzusehen, wie die Frau, die man liebt, von einem anderen Mann vergewaltigt wird, muss sehr traumatisch und unerträglich schmerzhaft sein. Wenn eine Frau vergewaltigt wird, leidet sie sehr, und alle leiden mit. Einige in ihrem Umfeld werden sich die Schuld dafür geben, dass sie dem Mann, der sie schließlich vergewaltigt hat, zu nahegekommen ist. Einige machen sich Vorwürfe, weil sie sie dem Mann, der sie vergewaltigt hat, vorgestellt haben. Andere wiederum machen sich Vorwürfe, weil sie nicht in der Lage waren, die Vergewaltigung zu verhindern. Und in den meisten Fällen wird nach einer Vergewaltigung eine Frau hervorgehen, die sich von der Frau unterscheidet, die alle um sie herum kannten. Das ist einer der größten Schläge, mit denen alle im Umfeld des Vergewaltigungsopfers leben müssen. Manche Vergewaltigungsopfer erholen sich nur schwer von dem Trauma, das sie durch die Vergewaltigung erlitten haben.

Es gibt also Schuldzuweisungen von links und rechts.
Falsche Schuldzuweisungen verhindern, dass Vergebung möglich ist. Du magst Recht haben, dass du dies oder jenes

hättest tun sollen, aber das ist keine Entschuldigung dafür, vergewaltigt worden zu sein. Es ist keine Ausrede, um die Tat des Vergewaltigers zu rechtfertigen. Welche Schuld du auch immer dir selbst oder jemandem oder einigen Menschen in deinem Umfeld zuweisen willst, sie ist unbegründet. Wie ich bereits sagte, solltest du dem Vergewaltiger die Schuld geben. Das ist der einzige Weg, um mit der Heilung zu beginnen. Du musst dir selbst für die Rolle, die du deiner Meinung nachgespielt hast, vergeben. In Wirklichkeit hast du nichts getan; es ist gefährlich, dir weiterhin die Schuld zu geben. Es schadet dir selbst, wenn du weiterhin Menschen um dir herum die Schuld gibst.

Wenn du weiterhin Menschen um dir herum die Schuld gibst, wirst du ein großes Problem mit der Heilung haben. Heilung kann niemals stattfinden, wenn du nicht das tust, was notwendig ist.

Eine Sache, die vor der Heilung getan werden muss, ist, sich selbst zu vergeben, egal welche Rolle man glaubt, gespielt zu haben. Niemand will sich selbst Schaden zufügen. Niemand will Dinge tun, die ihn selbst in Gefahr bringen. Keiner will sich selbst Schaden zufügen. Jeder will das Beste für sich selbst. Deshalb musst du akzeptieren, dass es nichts gibt, was du hättest anders machen sollen. Du musst dir selbst verzeihen.

Tipp:
Deine Heilung kommt in dem Moment auf dich zu, indem du lernst, dich frei von Schuld zu fühlen. Dein Leben wird stehen bleiben, wenn du weiterhin dieses Spiel der

Schuldzuweisungen spielst. Du wirst an einem Punkt verharren, während andere davonrennen. Du wirst sitzen bleiben, während andere stehen. Du musst aufstehen und anfangen zu gehen oder sogar zu laufen. Zuerst musst du dir selbst verzeihen als erste Etappe einer Reise zur Heilung und dann kann schließlich Vergebung beginnen.

The Drama Triangle (Forgive The Past)

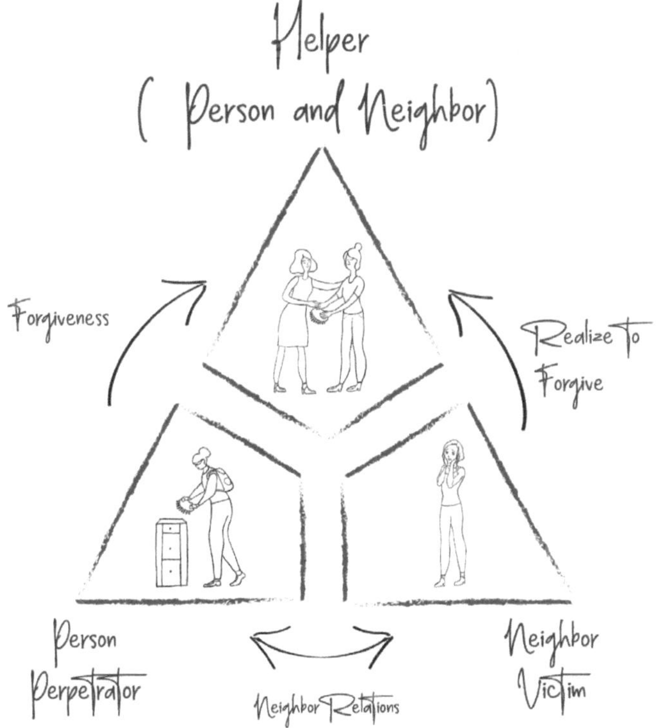

Kapitel 13

Der Start in ein neues Leben beginnt mit Loslassen

Das traumatischste, was uns Menschen passieren kann ist, wenn wir Teil von kriegerischen Handlungen werden. Ich möchte daher die Geschichte eines Freundes erzählen, der sich von dem Trauma des Krieges befreien konnte.

Die meisten jungen Männer, die aus der Armee entlassen werden, nachdem sie auf einen Sondereinsatz geschickt wurden, kehren völlig verändert nach Hause zurück. Bevor sie aufbrachen, waren sie lebhaft. Sie waren lebenslustig und hatten Spaß. Sie gaben alles, um glücklich zu sein und sorgten sogar dafür, dass die Menschen um sie herum glücklich waren. Viele Menschen wollten das tolle Leben führen, das sie zu haben glaubten, und taten sogar ihr Bestes, um sie als Freunde zu behalten. Also zieht dieser Soldat in den Krieg und kehrt als ein anderer Mensch zurück als der, den sein Umfeld bisher kannte. Viele Offiziere kehren nach einem Kriegseinsatz verletzt nach Hause zurück. Manche kommen mit amputierten Beinen nach Hause. Manche kommen mit amputierten Händen nach

Hause. Manche kommen mit verschiedenen Verletzungen am Körper nach Hause. Zuhause angekommen, erhalten sie eine sorgfältige medizinische Versorgung ihrer Verletzungen. Es gibt einige, die an die Kriegsfront gehen und unverletzt zurückkehren. Dennoch sind diese Menschen schwerer verletzt, als die Menschen um sie herum es unmittelbar bemerken werden. Es handelt sich um massive Verletzungen, nur dass ihre Verletzungen anders sind als die körperlichen Verletzungen, die bei anderen Menschen üblich waren. Diese Verletzungen fallen nicht sofort auf, aber mit der Zeit kommen sie zum Vorschein. Sie kommen zum Vorschein, weil sie nicht lange verborgen bleiben können. Das Opfer tut vielleicht sein Bestes, um sie zu verdrängen und vor allen cool auszusehen, aber nach einer Weile beruhigt sich alles, und die Menschen um sie herum beginnen zu sehen, wie kaputt sie sind. Diese Armee-Veteranen haben auf dem Schlachtfeld viel gesehen. Sie sahen, wie Menschen von Kriegswaffen zerrissen wurden. Sie sahen Menschen sterben, als ob sie wertlos wären. Sie sahen, wie ihre Kameraden innerhalb eines Wimpernschlags starben. Einige von ihnen, ihre Kameraden, starben durch ihre Hände. Sie sahen Menschen, mit denen sie lange trainiert hatten, Menschen, mit denen sie die Umkleidekabinen teilten, Menschen, die sie als ihre Brüder und Schwestern akzeptierten, auf eine der grausamsten Arten sterben. Sie konnten nichts tun, um sie zu retten. Einige dieser Menschen starben, weil sie versuchten, sie zu beschützen. Manche mussten sich einer Granate in den Weg stellen, um den Verletzten davor zu bewahren, von der Granate getötet zu werden. Sie mussten sterben, um ihren Kameraden zu schützen. Solche Erlebnisse können diese Veteranen innerlich zerstören. Alles, was sie gesehen und erlebt haben, plagt sie in Form von Albträumen weiter. Sie hören die Stimmen ihrer Kameraden in ihren letzten Momenten. Sie können die letzten Worte ihrer Kameraden hören, die sich ständig in ihrem Kopf wiederholen. Das traf sie sehr hart.

Die Tatsache, dass ein geliebter Mensch gestorben ist, um sie zu beschützen, ist etwas, das sie sehr lange verfolgt. Sie wussten, dass dieser Tote geliebte Menschen hatte. Der Verstorbene hatte vielleicht eine Frau und Kinder oder eine Mutter, die auf seine Rückkehr wartete. Wenn dann diese Person, die nur dank der Aufopferung eines Kameraden überlebt hat, zurückkehrt und all die Hinterlassenschaften des Kameraden sieht, sind sie innerlich zerstört und leiden darunter. Sie beginnen, sich selbst als Schwächlinge zu sehen. Sie fangen an zu glauben, dass sie feige waren und deshalb nicht so gestorben sind, wie andere, die ihnen nahestanden, auf dem Schlachtfeld starben. Sie fangen an, sich als Verräter zu sehen, weil sie es geschafft haben, auf dem Schlachtfeld zu überleben. Andere, die ihnen nahestanden und das Schlachtfeld mit ihnen teilten, starben auf dem Schlachtfeld. Anfangs geben sie sich gelassen. Sie täuschen ein Lächeln vor, aber mit der Zeit überkommt sie echte Traurigkeit.

Der Schmerz wird zu groß für sie, um ihn verarbeiten zu können. Sie beginnen, sich selbst die Schuld zu geben. Sie wünschen sich, sie hätten anders gehandelt, um einige Kameraden zu retten, die es auf dem Schlachtfeld nicht mehr geschafft haben. Manche von ihnen beginnen, einige der Szenen auf dem Schlachtfeld nachzuspielen. Sie fangen an, sich vorzustellen, wie die Dinge passiert sind, und stellen sich vor, wie sie hätten anders handeln sollen, um den Kampf zu gewinnen. Wenn dies über längere Zeit anhält, setzt echte Frustration ein, und es kommt zu Depressionen. Ein Großteil von ihnen begeht Suizid, manche von ihnen drücken schließlich selbst den Abzug. Sie geben das Leben auf, weil sie in ihrem Herzen bereits den Schluss gezogen haben, dass sie es nicht verdienen, zu leben. Das ist die Realität vieler Armee-Veteranen, die nach den Erlebnissen auf dem Schlachtfeld aus der Armee ausgetreten sind.

Wenn man das Schlachtfeld überlebt hat, hat man Glück. Es ist ein Geschenk. Es bedeutet nicht, dass man intelligenter ist als andere, die auf dem Schlachtfeld gestorben sind. Denn wenn man einmal auf dem Schlachtfeld ist, kann man von überall her beschossen werden. Manchmal läuft das taktische Verständnis nicht wie geplant.

Vor allem aber bedeutet es nicht, dass du ein Drückeberger bist. Dass du nicht wie andere gestorben bist, macht dich in keiner Weise unwürdig zu leben. Das macht dich nicht weniger zu einem echten Soldaten. Vor dem Krieg hattest du Angst. Bevor du auf dem Schlachtfeld standest, hast du den Tod gefürchtet. Du wusstest, dass du vielleicht nie nach Hause zurückkehren würdest, um deine Liebsten wiederzusehen. Du wusstest, dass du höchstwahrscheinlich nicht mit all denen zusammen sein würdest, mit denen du eine schöne Zeit verbracht hast, bevor du in die Schlacht zogst. Ja, du wusstest, dass einige deiner Kameraden auf dem Schlachtfeld sterben würden. Du hattest Angst. Trotz deiner Angst konntest du deine Waffe ergreifen und auf das Schlachtfeld gehen. Das bedeutet Mut. Dein Mut, der aus dem starken Wunsch erwuchs, Leben zu schützen, hat dich dazu gebracht, deine Ängste zu unterdrücken und dich auf das Schlachtfeld zu begeben, um dich deiner Aufgabe zu stellen. Du hättest deine Meinung ändern können und vielleicht desertieren, aber das hast du nicht getan. Der Gegner war furchtbar, er war unbarmherzig. Er brachte dich dazu, dich an die Ängste in deinem Herzen zu erinnern, bevor du das Schlachtfeld betratst, aber du hast es trotzdem geschafft, standhaft zu bleiben und dich zu wehren, so gut du konntest. Wärst du ein Feigling, wärst du nicht standhaft geblieben. Wenn du ein Feigling wärst, wie du jetzt denkst, hättest du etwas unternommen, um dich zu schützen, aber du hast es nicht getan. Du warst nicht am sicheren Ufer, sondern bist auf dem Schlachtfeld geblieben, bis du den Befehl bekommen hast, dass es vorbei ist. Feiglinge hätten alles versucht, nur um ihre Haut zu retten, aber du hast es nicht getan. Siehst du jetzt, dass du kein Feigling bist? Weißt du jetzt, dass du mehr als dein Bestes getan hast?

Dein Kamerad, der auf dem Schlachtfeld gestorben ist, hatte keine Schuld an seinem Tod. Es gab nichts, was du hättest tun können, um ihn zu retten. Selbst wenn du die Möglichkeit gehabt hättest, ihn zu beschützen, und es nicht getan hast, macht dich das in keiner Weise zu einem Feigling.

Im Leben geht es ums Überleben. Du hättest sterben und sie retten können. Was wäre wohl passiert, wenn du getötet worden wärst? Stelle Sie dir vor, wie viel Schmerz deine Familie, deine Lieben ertragen hätten, wenn du auf dem Schlachtfeld gestorben wärst.

Tipp:

Es gibt also keinen Grund, sich weiterhin mit Bedauern umzubringen. Es gibt keinen Grund, sich weiterhin die Schuld für etwas zu geben, worauf man nie wirklich Einfluss hatte. Du musst dir selbst verzeihen. Du musst dich von all dem Schmerz heilen, den du in deinem Herzen angesammelt hast, und der einzige Weg, wie du dich davon erholen kannst, ist, indem du dir selbst vergibst.

Du hast ein neues Leben verdient: Lass das Alte los.

Kapitel 14

Warum innere Schutzschilde Freude und Chancen verhindern

Wenn zwei Menschen mit unterschiedlichen Weltanschauungen aus verschiedenen Umfeldern aufeinandertreffen, kommt es irgendwann unweigerlich zu Missverständnissen. Ein solches Missverständnis kann dazu führen, dass sich jemand benutzt oder betrogen fühlt. Hat Ihr Freund - welchem du dein Vertrauen geschenkt hast und dem du eine helfende Hand gereicht hast, als alle um ihn herum ihm den Rücken zugekehrt haben - deine Hilfe ausgenutzt? Vielleicht ging es dir nur darum, wie du die Dinge für ihn besser machen konntest. Du hast alles aufs Spiel gesetzt, um die Situation dieser Menschen zu verbessern. Die Leute kamen zu dir und sagten dir Dinge, die dich davon abhalten sollten, diesem Freund zu helfen. Aber du hast dich nicht beirren lassen, und am Ende hat dich dieser Freund verraten. Immer wenn du dich daran erinnerst, was sie dir angetan haben, wirst du so wütend. Du bereust es, ihnen geholfen zu haben, hasst sie und glaubst, dass du ihnen das, was sie dir angetan haben, niemals verzeihen wirst. Obwohl dir Unrecht getan wurde, hast du vielleicht auch ihnen Unrecht getan, aber du hast es nie gewusst. Vielleicht siehst du dich selbst als das Opfer, so wie sie sich als Opfer sehen. Du musst ihnen verzeihen. Du hast dir durch die Erfahrungen, die du mit diesem Freund gemacht hast, angewöhnt, anderen nie mehr zu helfen. Du machst dir so viele Vorwürfe, weil du ihnen geholfen hast, dass du dir selbst verzeihen musst.

Hass führt nur zu einer kurzsichtigen Sichtweise. Ja, auch ich bin während meiner schweren Zeit in die Falle des Hasses und der Ablehnung getappt. In diesem Teufelskreis gewinnt niemand und alle verlieren. Nachdem mein Geschäftspartner mich betrogen hatte, habe ich ihn verklagt und vor Gericht gebracht. Wofür? Eine langjährige Beziehung und schöne Erinnerungen waren zerstört worden, für immer verloren. Er wollte sich revanchieren und war dann mein schärfster Konkurrent. Das Ergebnis war für uns beide beunruhigend. Diejenigen, denen du heute die Hilfe verweigerst, könnten morgen die sein, von denen du Hilfe erwartest. Vergib dir selbst und vergib denen, die dir Unrecht getan haben, damit du von deinem Schmerz heilen kannst. Du hast zu lange an diesem Schmerz festgehalten; es ist Zeit, sich davon zu erholen.

Manche Menschen haben die Chance verpasst, eine Beziehung mit ihrem Lebenspartner einzugehen, weil sie sich zu sehr dagegen gewehrt haben. Diese Menschen hatten schon einmal eine Beziehung, die sie über alles geliebt haben. Sie taten alles, was sie konnten, um die Beziehung zu fördern und zum Erfolg zu führen. Sie taten alles, was sie konnten, damit die Beziehung funktionierte. Sie gaben ihr ganzes Engagement, sie gaben ihre Zeit, sie gingen in jeder Hinsicht Kompromisse ein, damit die Beziehung funktionierte. Aber ihr Partner, für den sie all das taten, nutzte ihre Liebe aus und brach ihnen das Herz. Nach dem Liebeskummer waren sie so verletzt durch den Schmerz, den sie durchgemacht hatten, dass sie beschlossen, nie wieder in einer neuen Beziehung so viel zu geben. Sie reden sich ein, dass sie in ihrer vorherigen Beziehung alles gegeben haben und dass ihr Ex die Liebe, die sie ihm gegeben haben, ausgenutzt hat. Infolgedessen bauen diese Menschen nun eine Art Schutzschild auf.

Eine innerliche Rüstung, die uns vor Problemen schützen soll, bewahrt uns nur vor dem Leben und der Chance, ganz neue Erfahrungen zu machen. Scheitern gehört zum Spiel des Lebens, genauso wie Gewinnen.

Beginne nicht eine unangenehme Grundhaltung zu entwickeln, um dich selbst zu schützen.

Bist Du eine Frau, die sich möglicherweise für zu intelligent hält für jeden Mann, der eine Beziehung mit dir eingehen möchte?

Plötzlich entdeckst Du an dir, dass du etwas egoistisch geworden bist und dies in der vorherigen Beziehung nicht so war. Eventuell könnte dieser neue Mann dein Seelenverwandter sein. Da er aber ständig von dir schlecht behandelt wird, hält er dich für egoistisch und möchte nicht mehr mit dir zusammen sein. Er trennt sich. Am Ende verlieren alle: Du einen tollen Mann, einen guten Mann, der dein Seelenverwandter hätte sein können und er vielleicht seine Traumfrau.

Menschen, die sich wegen der bitteren Erfahrung in ihrer letzten Beziehung mit einer gewissen Eitelkeit schützen wollen, behandeln am Ende den nächsten Partner, der in ihr Leben tritt, schlecht. Diese Person wird es nicht mit ihnen aushalten. Ihre übermäßig hochmütige Haltung wird ihre Chancen ruinieren, einen Mann zu bekommen, der viel besser ist als ihr Ex. Diese Menschen, die diese defensive Haltung an den Tag legen, leiden unter ihrer Ohnmacht, ihrem Ex zu verzeihen. Sie sind noch nicht vollständig von den Misshandlungen geheilt, die sie von ihrem Ex erhalten haben. Weil sie noch nicht geheilt sind, werden sie sich weiterhin verbittert fühlen und versuchen, egoistische Abwehrmechanismen zu entwickeln, um sich selbst zu schützen. Solche Menschen sind sehr verärgert, wenn sich ein Problem ergibt, das sie betrifft. Wenn du diese Erfahrung machst, musst du erst noch von den Schmerzen heilen, die dir dein Ex zugefügt hat. Du kannst nur heilen, wenn du bereit bist, ihm zu vergeben.

Es gibt eine Sache, die manche Leute nicht wissen:
Man kann einem Ex, der einem Unrecht getan hat, vergeben und trotzdem nicht zu einer Beziehung zurückkehren. Wenn man dem Ex vergibt, was er einem in der Vergangenheit angetan hat, bedeutet das nicht unbedingt, dass man wieder eine Beziehung mit ihm eingehen wird. Es kann sein, dass du zu ihm zurückkehrst, nachdem du den Heilungsprozess durchlaufen hast, aber das ist nicht zwingend. Es ist deine Entscheidung. Wenn du deinem Ex nicht vergeben kannst, wirst du sehr lange mit Bitterkeit leben müssen. Diese Bitterkeit wird sich immer wieder in deinem Leben manifestieren und deine Seele langsam vergiften.

Tipp:
Vergib deinem Ex, und heile dich von dieser Bitterkeit. Es gibt viel zu verlieren, wenn du nichts gegen deine Verletzungen unternimmst. Vergib und heile.

Manche Menschen sind so wütend auf ihre Eltern. Manche Menschen sind so wütend auf ihre Eltern, weil sie ihnen in der Vergangenheit etwas angetan haben. Sie haben eine Menge Hass auf ihre Eltern. Manche Menschen sind aus ganz unterschiedlichen Gründen wütend auf ihre Eltern, zum Beispiel weil sie nicht reich sind. Ja, manche Menschen sind wütend auf ihre Eltern, weil ihre Eltern sie in einer Familie mit niedrigem Einkommen geboren haben, die sie als arm bezeichnen. Sie hassen ihre Eltern für fast jedes Missgeschick, das ihnen widerfährt. Wenn sie eine Prüfung nicht bestehen, sagen sie vielleicht, dass ihre Eltern schuld sind, weil ihre Eltern sie gebeten haben, zu Hause ein paar Aufgaben zu erledigen, und ihnen damit einen Teil der Zeit genommen haben, die sie zum Lernen hätten nutzen sollen. Menschen, die so handeln, haben immer etwas, von dem sie glauben, dass ihre Eltern es ihnen angetan haben, und das sie ihnen nicht verzeihen oder gar vergeben können. Das, was sie glauben, dass ihre Eltern ihnen angetan haben, führt dazu, dass sie in allem, was ihre Eltern tun, Fehler finden.

Sie beschweren sich viel über ihre Eltern, selbst wenn einige der Dinge, die ihre Eltern getan haben, eigentlich das sind, was von ihnen als selbstverständlich erwartet werden kann.

Was auch immer deine Eltern dir angetan haben, das dich dazu bringt, sie nicht zu ehren, du musst ihnen vergeben. Du kannst deine Eltern nicht ewig aus deinem Leben verbannen.

Du wirst sie nicht alle Tage deines Lebens bei dir haben. Wenn du in Zeiten, in denen du schöne Erinnerungen mit ihnen aufbauen solltest, wütend auf sie bist, wird das sicherlich irgendwann auf dich zurückfallen. Du musst ihnen verzeihen und vergeben.

Du musst dich von den Schmerzen erholen, die sie dir deiner Meinung nach zugefügt haben. Der einzige Weg, dies zu tun, ist, sofort mit der Vergebungsarbeit zu beginnen.

Denke daran, dass sie, auch wenn sie deine Eltern sind, immer noch Menschen sind und nie ganz Recht haben können, auch wenn sie behaupten, dass sie Recht haben.

Tipp:
Übernehme Verantwortung für Deine Seelen-Balance. Eine Aussöhnung und Rückkehr in die Liebe ist für dich das Ziel der wichtigsten Vergebungsarbeit in deinem Leben.

Es gibt Menschen, die sich selbst die Schuld für etwas geben, das sie ihrer Meinung nach hätten anders machen sollen. Die Tatsache, dass sie es auf die Art und Weise getan haben, für die sie sich entschieden haben, könnte sie sehr belasten. Ich habe Menschen gesehen, die so sehr darunter litten, dass sie ihren Eltern nicht erlaubten, die letzten schönen Momente mit ihnen zu verbringen, bevor sie starben. Ich kenne einen Mann, dem jedes Mal die Tränen kamen, wenn er sich an seine Erfahrungen mit seiner inzwischen verstorbenen Mutter erinnerte. Als sie krank war, rief sie ihn immer an, um mit ihm zu sprechen. Er war nicht ihr einziges Kind, aber sie hatte sich immer wohl gefühlt, wenn sie mit ihm sprach. Eines Tages rief sie also immer wieder bei ihm an. Er ignorierte den Anruf, weil er gerade etwas Wichtiges zu tun hatte, was eigentlich nicht unverzichtbar war. Er verpasste ihren Anruf gerade, weil sie ständig anrief. Am nächsten Tag erfuhr er, dass seine Mutter an den Folgen ihrer Krankheit gestorben war. Er war so wütend auf sich selbst. Er bedauerte, dass er nicht auf ihre Anrufe reagierte. Er macht sich ständig Vorwürfe und wünscht sich, er hätte etwas anders gemacht. Er ist ständig wütend auf sich selbst und wünscht sich immer wieder, er hätte ihr zugehört; er wusste, dass sie ihm etwas sagen wollte. Er macht sich sehr viele Vorwürfe. Es gibt da noch eine andere Frau, die so deprimiert war. Am Anfang war sie wegen des Todes ihres Mannes deprimiert gewesen. Sie vermisste ihn so sehr, seine plötzliche Abwesenheit in ihrem Leben beeinträchtigte sie so sehr, aber ihre Depression wandelte sich mit der Zeit zu etwas anderem. Nachdem sie den Tod ihres Mannes lange betrauert hatte, fühlte sie sich allmählich ein wenig von dem Schmerz befreit, der mit dem Verlust einherging. Aber der Schmerz ging nicht weg, so dass sich ihre Depression auf eine andere Ebene verlagerte. Sie war wegen etwas anderem deprimiert. Ihr Mann war Militäroffizier. Einen Tag, bevor er zu dem Einsatz aufbrach, bei dem er ums Leben kam, hatte sie einen heftigen Streit über einige Probleme, die sie hatten. Sie war wütend auf ihn und weigerte sich die ganze Nacht, mit ihm zu sprechen. Er unternahm ein paar Versuche, den Streit zwischen ihnen zu schlichten, aber diese Frau wollte nichts von ihm wissen. Also stand er am nächsten Tag auf, küsste sie auf die Stirn und ging, ohne sich zu verabschieden. Das war das letzte Mal, dass sie ihn sah. Als er am Ort seiner Mission ankam, schrieb er ihr eine SMS. Die SMS war das letzte, was sie von ihm erhielt. Die SMS blieb auf ihrem Telefon. Sie konnte sich nicht dazu durchringen, sie zu löschen, obwohl sie schon unzählige Nachrichten von ihrem Telefon gelöscht hatte. So quälte sie sich weiter. Sie wünscht sich immer wieder, dass die Zeit zurückgedreht werden könnte, damit sie die Dinge anders machen könnte. Manchmal gab sie sich sogar selbst die Schuld an seinem Tod, weil sie glaubte, dass er auf dem Schlachtfeld vor lauter Sorge über das Problem, das sie hatten, abgelenkt war und schließlich dabei getötet wurde. Sie wusste, wie besorgt er immer war, wenn sie Probleme hatten, er war immer derjenige, der sich entschuldigte, wenn er im Unrecht war. Und sogar, wenn sie im Unrecht war, konnte er es nicht ertragen, Probleme in ihrer Ehe zu haben. Ihr Mann starb jedenfalls. Diese Frau fühlt sich so schuldig, dass sie sogar suizidgefährdet ist. Sie fühlt sich so verantwortlich für seinen Tod. Sie fühlt sich deprimiert, weil sie den letzten Moment, den sie mit ihm verbringen konnte, nicht in Frieden und Harmonie verbringen konnte. Dies verfolgt sie weiterhin. Ein anderer Mann, dessen Mutter dringend operiert werden musste, um eine Krankheit zu überleben, konnte sich das Geld für die Operation nicht leisten. Er tat, was er konnte, aber er konnte nicht genug Geld für die Behandlung seiner Mutter aufbringen. Sie wurde nicht operiert und starb, bevor er die Hälfte, der für die Behandlung seiner Mutter erforderlichen Mittel, aufbringen konnte. Dieser Mann kann nicht aufhören, sich die Schuld zu geben. Er hasst sich dafür, dass er pleite ist und sich die Behandlung seiner Mutter nicht leisten kann. Es gibt so viele Geschichten über Menschen, die sich für die eine oder andere Sache die Schuld geben. Sie sind so verzweifelt, dass sie sogar depressiv werden.

Die Menschen machen sich immer wieder aus verschiedenen Gründen Vorwürfe. Es wird zu einem großen Problem, wenn man sich die Schuld am Tod eines Menschen gibt. Die Frage ist: Bringt es eine verlorene Gelegenheit zurück, wenn man wegen eines Erlebnisses niedergeschlagen ist, das auf eigene Handlungen oder Untätigkeit zurückzuführen ist? Nein, das tut es nicht. Wenn ein geliebter Mensch stirbt und du der Meinung bist, du hättest etwas anderes für ihn tun sollen. Wenn du dich in endloses Elend stürzt, weil du vor dem Tod einer geliebten Person bestimmte Verpflichtungen ihr gegenüber nicht erfüllt hast, wirst du diese verlorene Gelegenheit nicht wiederbekommen. Du musst weitermachen. Du musst dir selbst verzeihen. Du musst heilen. Heilung wird es nur geben, wenn du dir selbst vergibst.

Tipp:
Befreie dich von Schuldgefühlen. Lass sie los, denn sie sind die größten Stolpersteine zur Selbst-Vergebung und Vergebung.

The Ritual

Power Circle — Imagined

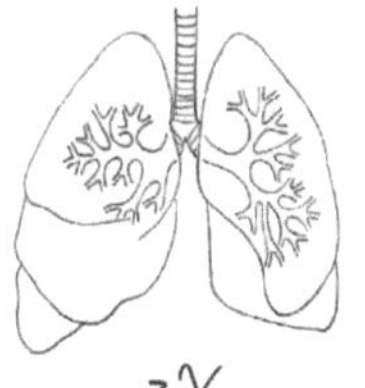

My-mindguide.com

Kapitel 15

Die teuflische Beziehung zwischen Täter und Opfer

Wenn du dich schuldig fühlst oder an eine Person denkst, die dir Schaden zugefügt hat, befindest du dich in der bösartigen Beziehung der Täter-Opfer-Dynamik.

Das Opfer ist die Person, die glaubt, dass ihr Unrecht getan wurde. Opfer sind diejenigen, die glauben, dass sie ausgenutzt wurden. Sie sind die Menschen, die nicht glücklich sind über das, was ihnen angetan wurde. Diese Menschen sind im Allgemeinen voller Bedauern. Sie wünschen sich, sie hätten die Dinge anders gemacht. Sie wünschen sich, sie hätten die Person, die sie zu ihrem Opfer gemacht hat, nie getroffen. Sie können nicht anders, als diese Person für das, was sie ihnen angetan hat, mehr und mehr zu hassen. Diese Menschen sind die Opfer. Normalerweise sehen die Opfer die Dinge nur von ihrer Seite aus. Sie denken immer, dass sie in allem, was sie mit der Person, die sie zum Opfer gemacht hat, getan haben, im Recht waren. In den Augen des Opfers ist das Opfer frei von jeglichem Unrecht, solange es um das geht, was sich zwischen ihm und dem Täter abgespielt hat.

Der Täter ist die Person, die das Opfer für alles Unglück, das ihm widerfahren ist, verantwortlich macht. Der Täter ist die Person, von der das Opfer glaubt, dass sie die Ursache für sein Unglück ist. Das Opfer hält den Täter für einen undankbaren Menschen, dem jede Form von Würde fehlt. Das Opfer glaubt, dass es dem Täter vertraut hat, dass es gute Absichten gegenüber dem Täter hatte, aber der Täter hat alles ausgenutzt und Chaos in sein Leben gebracht.

Die Wahrheit ist, dass das Opfer den Täter vielleicht als gleichmäßig und unmenschlich ansieht. Der Täter hat jedoch in den meisten Fällen seine eigene Geschichte zu erzählen. Er glaubt, dass die Handlungen, die er gegen das Opfer unternommen hat, gerechtfertigt waren. Hast du schon einmal eine Geschichte von jemandem gehört, wie er von einer anderen Person misshandelt wurde und schließlich Hilfe bekam? Später hattest du die Gelegenheit, die Geschichte des Täters zu hören, und du hast schließlich entschieden, dass die Person, die sich selbst als Opfer sah, der eigentliche Täter war. Im Gegensatz dazu war die andere Person das Opfer? Ich habe so viele Geschichten von Menschen gehört, wie schlecht sie von jemandem, der mir bekannt ist, behandelt wurden. Aber als ich mir die andere Seite der Geschichte anhörte, wurde mir klar, dass die angebliche Opferrolle gar nicht so klar war. Sehr oft werden Schuldzuweisungen gemacht. Wer schon einmal in einem Gerichtssaal war und all die Zeugen gehört hat, wird verwirrt zurückbleiben. Es wird immer Meinungsverschiedenheiten zwischen den Menschen geben.

Wenn es dann zu Meinungsverschiedenheiten kommt, werden manche von Tätern zu Opfern erklärt.

Befindest du dich in einer unheilvollen Täter-Opfer-Beziehung? Fühlst du dich durch das, was du glaubst, dass der Täter dir angetan hat, verletzt? Was ist mit dem, was du dem Täter angetan hast? Was ist mit dem, was du anderen um dich herum angetan hast? Wie lange willst du noch in der unheilvollen Beziehung zwischen Täter und Opfer leben? Menschen, die im Hass leben, kommen im Leben nicht weit. Denn sie treffen nur Menschen, die im Hass leben. Man sagt, dass Vögel mit den gleichen Federn zusammen fliegen. Menschen, die im Hass leben, werden höchstwahrscheinlich mit Menschen zusammen sein, die denselben Hass pflegen. Das wird die Ziele, die sie für sich selbst festgelegt haben, verlangsamen. Sie werden auf keinen Fall in einer positiven Atmosphäre leben.

Selbst wenn man wütend auf den Täter ist, sollte es nicht eine zeitliche Grenze geben, wie lange man auf den Täter wütend sein sollte? Herr/Frau Täter, sollte es nicht eine Grenze dafür geben, wie lange du das Opfer noch hassen wirst? Irgendwann solltest du deinen Stolz ablegen. Du solltest von deinem Berg des Hasses herunterkommen und versuchen, die teuflische Beziehung zwischen dir und der Person, die du als deinen Täter ansiehst, zu beenden.

Um diese bösartige Beziehung zwischen der Opferrolle und Täterrolle in Ordnung zu bringen, werden wir uns mit zwei Fragen beschäftigen:

Die erste Frage, der wir instinktiv nachgehen wollen, lautet: Wer ist verantwortlich? Diese Frage geht tiefer, als man denkt. Die Frage „Wer ist verantwortlich?" ist eine vergiftete Frage, die sich in der bösartigsten Beziehung zwischen Opfer und Täter stellt. Die meisten Menschen können sich nicht aus der Täter-Opfer-Dynamik lösen, weil sie sich fragen, wer verantwortlich ist. Was bedeutet es, verantwortlich zu sein? Verantwortlich zu sein, wird für die Menschen allmählich zu schwierig. Verantwortlich zu sein bedeutet, die Schuld für etwas zu übernehmen, von dem man glaubt, dass es unter seiner Aufsicht schiefgelaufen ist. Wenn man zu seinen Fehlern steht, akzeptiert man, dass man etwas getan hat, und bittet um Verständnis und Vergebung für etwas, das man falsch gemacht hat. Wir leben in einer Welt, in der die Übernahme von Verantwortung für etwas als Todesurteil gilt. Die Menschen lügen viel. Selbst in der Regierung versuchen Politiker, sich vor der Verantwortung für ihre Taten zu drücken, wenn sie für etwas kritisiert werden. Auch in Unternehmen übernehmen viele Chefs nur ungern die Verantwortung für ihre Arbeit. Zunächst leugnen sie die ganze Sache. Sobald das Leugnen schwierig wird, suchen sie nach jemandem, dem sie die Schuld geben können.

In den meisten Fällen akzeptieren die meisten Verantwortlichen, dass sie die Drecksarbeit gemacht haben. Das hat ihnen Kritik eingebracht, nachdem sie von ihrem Vorgesetzten den Befehl dazu bekommen haben. Der Vorgesetzte schiebt die Schuld dann auf einen Untergeordneten ab. Wer ist verantwortlich? Das ist die Frage, mit der wir uns beschäftigen.

Die Person, welche die Frage „Wer ist verantwortlich?" stellt, ist nicht auf der Suche nach einem Weg, um das Teufelsverhältnis zu durchbrechen.

Diese Person sucht in keiner Weise danach, wie man Brücken baut, die zerstört wurden. Diese Person will weiterhin in der unheilvollen Beziehung schwelgen, obwohl sie weiß, dass es längst überfällig ist, etwas dagegen zu tun.

Die zweite Frage, mit der wir uns befassen werden, lautet: „Was ist verantwortlich?" Dies ist die zweite Frage, die wir aus dem Blickwinkel der bösartigen Opfer-Täter-Beziehung betrachten werden. Wenn wir uns die Frage ansehen, über die wir jetzt sprechen, wirst du feststellen, dass es bei dieser Frage nicht um die Identität des Opfers geht. Diese Frage ist auch nicht daran interessiert, zu erfahren, wer der Täter ist. Trotz der langen Dauer der bösartigen Beziehung, trotz der fortgesetzten Schuldzuweisungen, die zwischen Opfer und Täter ausgebrochen sind, geht es in der Frage einfach nicht darum, wer das Opfer und wer der Täter ist.

Die Frage sieht jede Partei als Opfer und als Täter.
Die Frage ist nicht daran interessiert, jemanden zu kritisieren. Die Frage ist auch nicht daran interessiert, jemanden für irgendeine Form von Fehlverhalten zu bestrafen.

Wenn wir die beiden Fragen, die ich angesprochen habe und die wir kurz analysiert haben, betrachten, können wir sehen, wie diese beiden Fragen die unheilvolle Beziehung zwischen Opfern und Tätern beeinflussen. Wer sich bei jedem Problem fragt, wer dafür verantwortlich ist, ist nicht daran interessiert, Frieden zu schließen. Diese Person ist so gut darin, Fehler zu finden. Diese Person braucht jemanden, dem sie die Schuld geben kann. Diese Person hat vielleicht etwas falsch gemacht, aber weil sie die Opferrolle beibehalten will, sucht sie nach einem Schuldigen, auch wenn es ihre eigene Schuld ist. Diese Person hat kein Interesse an Frieden und wird die ohnehin schon aufgeheizte Nachbarschaft weiter anheizen. Jemand, der nach den Verantwortlichen fragt, ist vor allem an einer Sache interessiert, und zwar an einer „Lösung". Diese Person weiß, dass etwas falsch ist. Diese Person weiß, dass es nicht richtig ist, die unheilvolle Beziehung von Opfer und Täter aufrechtzuerhalten.

Manche Menschen halten die feindselige Beziehung zwischen Opfer und Täter aufrecht, weil es ihnen an Reife fehlt. Als sie eine solche Beziehung begannen, waren sie vielleicht noch nicht reif genug, um mit der Situation umzugehen. Doch jetzt, wo sie mehr Lebenserfahrung und sogar ein großes Maß an Reife erlangt haben, konzentrieren sie sich auf das, „was verantwortlich ist". Einige dieser Menschen, die sich in dieser unheilvollen Beziehung befanden, waren schon lange darin verstrickt und hatten sogar den wahren Grund für diese grausame Beziehung vergessen. Diese Menschen beschließen nun, dass es an der Zeit ist, dieses Problem zu lösen; sie beschließen, dass es an der Zeit ist, die unheilvolle Beziehung, die sie mit jemandem haben, den sie als Täter oder Opfer ansehen, zu beenden. Sie fangen an, sich die Frage zu stellen: „Wer ist dafür verantwortlich?" Vielleicht sind sie das Opfer, aber sie glauben, dass sie das Stadium, sich als Opfer zu identifizieren, hinter sich gelassen haben. Sie sind bereit zu verhandeln. Sie sind bereit, ein gewisses Maß an Veränderung herbeizuführen. Solchen Menschen gelingt es schließlich, die unheilvolle Beziehung zwischen Opfer und Täter zu durchbrechen.

Hast du dich jemals gefragt, warum es in der Politik keine ständigen Feinde gibt? Die Politik mag als ein gefährliches

Unterfangen angesehen werden, aber sie ist eines der prestigeträchtigsten Unternehmen der Welt. Die Politik ist sehr gefährlich, weil sie denjenigen, die sich in die Politik begeben wollen, viele Herausforderungen und Depressionen bescheren kann. Wenn man Politiker ist, werden einige Leute mit der Politik, die man macht, nicht einverstanden sein; diese Leute werden so leidenschaftlich darüber sein, wie sehr sie einige oder sogar eine Ihrer Politiken hassen, dass sie alles tun werden, um es Ihnen heimzuzahlen. Wir haben in den Nachrichten gesehen, was mit dem französischen Präsidenten im Jahr 2021 passiert ist. 2021 war ein hartes Jahr. 2020 war hart, und 2021 war auch hart. Die ganze Welt kämpfte um die Rettung ihrer Wirtschaft, weil Covid-19 der Weltwirtschaft großen Schaden zugefügt hatte. Als Folge der Covid-19-Pandemie geriet die Welt in Panik. Die Welt wurde ins Chaos gestürzt. Es gab eine Ausgangssperre. Menschen mussten sich selbst schützen, um sich nicht mit Covid-19 zu infizieren. Die Welt war von Hunger bedroht, und die Menschen konnten ihren alltäglichen Aktivitäten nicht mehr nachgehen; die meisten blieben in ihren Häusern.

Einige mussten ihre Lebensmittel rationieren, um die Ausgangssperre zu überleben. Nach der Ausgangssperre wurde die Welt immer stärker von der Ausgangssperre und der Panik, die die Pandemie verursachte, getroffen. Die meisten Länder nahmen kein Geld mehr durch Exporte ein, und selbst diejenigen, die nur wenig exportierten, verschenkten ihre Waren fast umsonst. Die schwächeren Länder konnten sich nicht mehr selbst versorgen, ohne sich von den stärkeren Ländern Geld zu leihen. Dann gab es noch das große Problem der Massenentlassungen von Arbeitnehmern. Für die meisten Unternehmen war es schwierig, zu überleben. Viele Unternehmen gingen in Konkurs und wurden geschlossen. Jene, die noch vor der Schließung standen, begannen zu überlegen, wie sie die Existenz ihres Unternehmens sichern könnten. Ihr Umsatz ging zurück, die Einnahmen gingen deutlich zurück, weil die Menschen nicht mehr so viel kauften wie früher. Diese Unternehmen begannen nun, Mitarbeiter zu entlassen. Viele Menschen wurden arbeitslos. So viele Menschen waren aus dem einen oder anderen Grund frustriert. Als Macron, der französische Präsident, zu einer öffentlichen Veranstaltung kam, wurde er von einem der Zuhörer niedergeschlagen. Der Mann war so wütend, dass er die Stellung des Präsidenten vergaß und Herrn Macron angriff. Es ist nicht einfach, ein Land zu regieren. Ein großes Problem des Politikerdaseins ist, dass sie im Dienst an der Öffentlichkeit ihr privates Leben aufgeben müssen. Sie werden zu einer öffentlichen Sache.

Jedes Detail aus der Vergangenheit wird zur Munition des politischen Gegners. Man darf sich fragen, ob diese Art des Umganges mit unseren gewählten Repräsentanten nicht zu einer negativen Auswahl führt. Wer will sich für dies Aufgabe opfern? Das Paradoxon ist, dass wir genau diesen Menschen unser Schicksal anvertrauen. Sie sollen uns führen und in unserem Interesse handeln. Sie müssen in unserem Sinne Versöhnungs- und Vergebungsarbeit leisten und immer wieder neue Kapitel für uns alle aufschlagen.

Während einige Politiker auch in der politischen Auseinandersetzung Respekt und Augenmaß bewahren, versuchen andere, dumpfe Gefühle zu instrumentieren. Sie säen Hass, was dazu führt, dass sich diese Politiker nicht auf Augenhöhe begegnen können.

Während der Wahldebatten ist die Stimmung aufgeheizt; einige dieser Politiker sehen aus, als würden sie sich prügeln, und in diesem Moment schüren sie negative Emotionen.

Es sieht so aus, als würden sie gleich aufeinander einschlagen und verletzen.

Nach dem Wahltag bleibt aber eine Wahrheit: Sie tun alles, was sie tun, für ihr Land. Am Ende wird das „Verantwortliche und die demokratischen Ideale zum verbindenden Motto.

Tipp:
Achte auch in der hitzigsten politischen Auseinandersetzung, dass die bösen Worte vergessen werden können.

Die Fähigkeit zur Koalition, der Wille zur Gemeinsamkeit im Sinne des Wohles muss so sicher sein wie der Morgen nach dem Wahltag.

Man kann nicht eine bösartige Beziehung aufrechterhalten, in der man sich selbst als Opfer und den anderen als Täter ansieht.

Kapitel 16

Das Dreieck Täter – Opfer - Helfer

Ich habe bereits über die Täter-Opfer-Beziehung gesprochen. Lasse uns nun einen kurzen Blick auf den Helfer werfen und dann alles zu einem Dreieck verbinden.

Der Helfer ist die imaginäre Person, die versucht, ein Opfer aus der Rolle zu befreien, in der sie gefangen scheint. Warum versehe ich die Person mit dem Adjektiv „imaginär". Ja, denn bei dieser „Person" handelt es sich um dein eigenes Ich. Dieser Helfer hat keinen eigenen Vorteil im Auge, wenn er versucht, verkrustetes Rollenverhalten zu durchbrechen und die Täter-Opfer Dynamik aufzulösen.

Es ist jetzt nur die Frage offen: Wie kommst du in die Helferrolle?

Hier gibt es zwei Wege:
1. Den Weg über die Hypnotherapie gemeinsam mit einem erfahrenen Hypnotherapeuten. Er wird in einer regressiven Therapiesitzung mit deinem Unterbewusstsein kommunizieren und dich dazu führen, in die Helferrolle zu gelangen und

eine neue Rolle einzunehmen. Oft gelingt dies schon nach einer Sitzung, aber je nach Klienten und Schwere kann es auch mehrere Sitzungen benötigen.

2. Die Selbst-Hypnose
Eine sehr kraftvolle Methode, bei der du aber beim Ersten Mal eine Anleitung haben solltest, um sie wirklich effektiv zu gestalten.

Du lernst, dein Unterbewusstsein zu öffnen, deine stets kontrollierendes, urteilendes Gedächtnis ruhen zu lassen und gezielt heilende Suggestionen zu setzen. Du wirst nach nur 3 Wochen erstaunliche Veränderungen feststellen und dich aus dem vertrackten Rollenverhalten mit hoher Wahrscheinlichkeit befreien können.

Den internen HELFER zu mobilisieren, ist der elegante und schnelle Weg vertrackte Schuldbeziehungen aufzulösen. Du musst nicht, wie ich, auf die Geburt eines Kindes, oder sonst ein außergewöhnliches Ereignis warten, um dir das Loslassen zu ermöglichen.

Bei der Vergebung geht es darum, die bösartige Beziehung zwischen einem Täter und einem Opfer zu durchbrechen. Manche Menschen fragen sich immer wieder: Warum sollte ich dieser Person vergeben, nachdem sie mir so viel angetan hat? Manche Menschen beklagen sich darüber, dass sie alles getan haben, was sie konnten, um das Leben der Person zu verbessern. Sie haben viele Opfer gebracht, um das Leben dieser Person zu verbessern, aber diese Person hat sich später gegen sie gewendet. Diese Person hat sie ausgenutzt. Während du dich darauf konzentrierst, wie viel Schmerz diese Person dir zugefügt hat, hast du dir überlegt, warum sie das getan hat?

Stelle dir ein Dreieck vor: Täter - Opfer - Helfer. Vielleicht siehst du dich selbst als das Opfer. Vielleicht bist du der Täter, vielleicht sind die anderen die Täter, aber ich möchte, dass du Folgendes weißt. Mit deinen positiven Ressourcen kannst du alles ausgleichen, und jeder kann in die Rolle des Helfers schlüpfen. Die Rolle des Helfers kann von jedem aktiv angenommen werden.

Beginnen wir mit dem Täter/der Täterin. Als Täter hat das Opfer dir erlaubt, etwas für dich zu tun, um die Dinge für dich besser zu machen. Du konntest zum Täter werden, weil das Opfer dir die Gelegenheit bot. Die Frage ist nun: Wie hat das Opfer dir ermöglicht, zum Täter zu werden? Meist hat das Opfer es dir ermöglicht, zum Täter zu werden, indem es dir vertraut hat.

Hätte das Opfer nicht ein gewisses Maß an Vertrauen in dich gehabt, hättest du ihn nicht zum Opfer machen können. Es gab eine Beziehung zwischen dir und dem Opfer. Wenn es Liebe war, fühlst du dich geliebt. Das Opfer hat dir geholfen, dich geliebt zu fühlen. Das ist eine Hilfe. So viele Menschen möchten sich geliebt fühlen, die nie die Möglichkeit hatten, Liebe zu bekommen. Das Opfer muss dir in der Zeit, in der die Beziehung andauerte, geholfen haben. Es hat dir geholfen. Du musst etwas Positives von dem Opfer gelernt haben. Auch das ist hilfreich. Wenn es sich um eine geschäftliche Beziehung handelte, hat das Opfer dir genug Vertrauen entgegengebracht, um mit dir Geschäfte zu machen und dir so geholfen, mehr

Geld zu verdienen. Das ist hilfreich. Wenn du ein Verwandter bist, hat das Opfer dich geliebt, sich um dich gekümmert, dir vertraut, dir das Gefühl gegeben, etwas Besonderes zu sein und gewollt zu werden. Das ist etwas, was so viele Menschen da draußen nicht begreifen können. Es ist hilfreich. Dann, nachdem die Beziehung zwischen euch beiden zerbrochen war, warst du wütend. Du warst vielleicht von dem Opfer abhängig, aber du hast jetzt auf eigene Faust gekämpft, du hast gekämpft, um auf die Beine zu kommen. Du hast dich etabliert, und heute bist du erfolgreich oder es geht dir unabhängig besser. Wenn du das Problem mit dem Opfer nicht gehabt hättest, wärst du vielleicht immer noch vom Opfer abhängig. Siehst du jetzt die Hilfe, die von dem Bruch kam, den ihr beide hattet? Es hat von Anfang an geholfen. Es hat immer geholfen, und es ist immer noch hilfreich, auch jetzt, wo du dies liest.

Neben dieser hier beschriebenen Täter-Opfer-Dynamik gibt es aber auch noch eine andere, wichtige Wahrheit: Niemand wird als Täter, niemand wird als Opfer geboren.

Was war die tiefere Ursache, dass Du dich für den Weg des Täters entschieden hast? Was ist in Deiner Kindheit passiert? Warst Du selbst Opfer und hast die Ohnmacht des Opfer-Seins erlebt und wolltest Dich befreien? Hast Du in der Fülle der Liebe gelebt oder in einer Situation des Mangels und wolltest diesen Mangel ausgleichen?

Trotzdem plagen dich Schuldgefühle und Du würdest dem Opfer wieder gerne auf Augenhöhe begegnen und die Vergangenheit zurücklassen. Du hoffst auf die Gnade der Selbstvergebung und Vergebung.

Für das Opfer können wir nicht weniger sagen, als dass der Täter dazu beigetragen hat, die Zukunft des Opfers zu gestalten.

Manche Opfer denken darüber nach, wie der Täter sie bestohlen hat.

Sie sprechen darüber, wie dieser Täter ihre Freundlichkeit ausgenutzt hat.

Als du mit diesem Täter zusammen warst, was hattest du davon, mit diesem Täter zusammen zu sein? Es muss etwas gegeben haben. Du hast Gesellschaft bekommen. Wenn du damals aufgrund einer geschäftlichen Verbindung mit ihm zu tun hattest, hast du von dieser Zusammenarbeit wahrscheinlich profitiert.

Dies kennzeichnet häufig eine Opfer-Täter Beziehung.

Der Grund für die negative Dynamik ist häufig, dass das Opfer, so sehr auf den Täter fixiert war. Allein die neue Rolle des Opfers hat ermöglicht, plötzlich selbständiger zu sein und neue Qualitäten zu erwerben.

Manche Opfer, besonders in Beziehungen kommen in eine fatale Täterabhängigkeit. Dies wird immer wieder von Psychologen selbst bei Missbrauchs Fällen bestätigt. Der Täter, der häufig unter starken Defiziten leidet, versucht, seinen Mangel auf deine Kosten auszugleichen und wird trotzdem zu deiner Quelle der Abhängigkeit. Stelle dir nun vor, was passiert wäre, wenn ihr beide nicht das Problem gehabt hättet, das euch auseinandergerissen hat.

Du hättest vielleicht nicht gelernt, wie du die Dinge selbst in die Hand nehmen kannst. Du hättest vielleicht Probleme gehabt, auf dich selbst zu verlassen. Heute geht es dir besser. Du konntest unabhängig werden, weil du und dein Täter eine toxische Beziehung beendet habt. Das ist hilfreich. Dein Täter hat dir geholfen, unabhängig zu werden. Eine andere wichtige Art und Weise, wie der Täter, mit dem du eine unheilvolle Beziehung hast, dir hilft, ist, dass er viel dazu beigetragen hat, das Beste in dir zum Vorschein zu bringen. Als die Vereinbarung/Freundschaft zwischen euch beiden in die Brüche ging, hat dein Täter dich dazu gezwungen, das, was du tust, auf eine bessere Art und Weise zu tun. Du hattest eine negative Beziehung zu diesem Täter. Es mag eine Art Wettbewerb zwischen euch gewesen sein. Ihr wolltet beide besser werden als der andere, oder besser noch, du wolltest viel besser werden, als er jemals sein wird.

Du hast angefangen, zehnmal härter zu arbeiten als in der Vergangenheit. Du hast mehr Zeit in das investiert, was du gemacht hast. Du wolltest dem Täter zeigen, dass du es besser kannst, als er es je könnte, und du hast hart gearbeitet und dich schließlich bewiesen. Das ist eine andere Form der Hilfe. Dieser Täter hat das Beste in dir zum Vorschein gebracht.

Ein bekanntes Sprichwort besagt: „Der beste Weg, sich bei einem Ex zu revanchieren, der glaubte, man würde es nie zu etwas bringen, ist, viel besser zu sein als dieser Ex."

Du hast nie geglaubt, dass du es besser machen könntest, aber durch das Bestreben, es besser zu machen als dein Ex, den du als Täter gesehen hast und mit dem du eine unheilvolle

Beziehung hattest, bist du besser geworden. In dem Wettbewerb hast du dein Herz mit ihm verbunden. Am Ende hast du den Wettbewerb mit der Hilfe dieses Täters gewonnen, dem du beweisen wolltest, dass er dir in der Vergangenheit Unrecht getan hat. Der Täter half dir also, trotz des Schmerzes, von dem du glaubtest, dass er ihn dir zugefügt hat.

Die hier beschriebene Opfer-Täter Dynamik ist die erste Stufe des Heilungsprozesses: Erkenne, welche positiven Veränderungen durch diese Situation für dich möglich waren.

Der entscheidende Schritt ist aber die Opferrolle hinter sich zu lassen und in die Helferrolle zu gelangen. Du willst nicht dein Leben in der Opferrolle leben, sondern frei werden! Die Tat kannst und sollst du nie vergeben, aber dem Täter. Der Täter ist ein Mensch, ein verletzter Mensch, ein Mensch im Mangel sonst hätte er nie zum Täter werden können. Versetze dich in seine Rolle. Begegne ihm und erkenne seine seelischen Wunden. Stell dir vor, wie er als hilfloses Kind war. Jetzt bist du bereit, die Helferrolle anzunehmen und die toxische Verbindung aufzulösen.

Die ständigen Herausforderungen formten mich. Die Tatsache mit 16 Jahren verlassen worden zu sein, half mir, mich auf der Straße zurechtzufinden.

Ich gewann Selbstvertrauen und konnte mich schnell an veränderte Situationen anpassen. Ich bin jetzt widerstandsfähig, und selbst Covid 19 macht mir nichts aus.

Es ist fast undenkbar, dass man aus der Zeit, die man mit verschiedenen Tätern verbracht hat, nichts lernte. Sollte dies der Fall sein, hast du dich wohl nicht richtig beobachtet.

Was hast du aus den Erfahrungen mit Tätern gelernt? Du hast gelernt, darauf zu achten, wem du vertraust. Du hast dem Täter die Chance eröffnet, dich auszunutzen.

Aus deiner Erfahrung weißt du, dass du, wenn du wieder jemandem unbedacht leicht vertraust, schlechter behandelt werden könntest als von diesem Täter.

Vertrauen kann man nicht erhalten, man muss es sich verdienen.

Man vertraut jemandem, nachdem die Person sich in verschiedenen schwierigen Situationen als vertrauenswürdig und zuverlässig bewiesen hat. Man bringt sich nicht selbst dazu, jemandem zu vertrauen. Das bedeutet, dass jemand dafür arbeiten muss, um dein Vertrauen zu gewinnen, und du bist nicht derjenige, der sich das Vertrauen erarbeiten muss. Aber manche Menschen setzen die Maßstäbe, nach denen sie jemandem vertrauen, herunter. Manche Menschen vertrauen leichter als andere. Meistens sind diejenigen, denen das Vertrauen leichter fällt als anderen, diejenigen, die häufiger Opfer werden als die anderen. Deine Erfahrung mit Tätern hat dir geholfen, den Mechanismus zu lernen, wie du Menschen vertrauen solltest. Du vertraust nicht einfach jedem. Du musst sicher sein, dass die Menschen es wert sind, dass man ihnen vertraut, bevor man ihnen Vertrauen schenkt. Das ist hilfreich. Dieser Täter, mit dem du in einer unheilvollen Beziehung stehst, hat dir geholfen, einen guten Entwicklungsprozess zu durchlaufen. Diese Person hat dich davor bewahrt, viele Fehler zu machen, die dich sehr viel gekostet hätten.

Aus all dem, was ich gesagt habe, konntest du erkennen, dass ihr euch schon lange gegenseitig geholfen habt, bevor ihr eine unheilvolle Beziehung begonnen habt. Ihr beide habt euch gegenseitig geholfen, auch wenn ihr euch nicht in die Augen sehen konntet. Dieses Dreieck Täter - Opfer - Helfer hat lange Zeit zwischen euch beiden bestanden, ohne dass ihr es zugegeben habt. Wie wäre es, wenn du dir vorstellst, wie du mit deinen positiven Ressourcen deine unheilvolle Beziehung neutralisieren und die Rolle des Helfers annehmen kannst? Ihr wart beide Helfer, auch wenn es einige Zeit gedauert hat, bis ihr das erkannt habt; stellt euch vor, wie besser alles werden wird, jetzt, wo ihr es gelernt habt. Alles wird gut werden, wenn ihr beide bereit seid, die Vergebung anzunehmen. Fällt es dir schwer, Vergebung zu akzeptieren? Gehen wir zum nächsten Kapitel; dort möchte ich dir etwas zeigen.

Kapitel 17

Wie der Täter denkt

In den meisten Fällen ist bei einem Streit zwischen zwei Personen das Opfer derjenige, der die Angelegenheit noch mehr in die Länge zieht. Das Opfer hat mehr Möglichkeiten, den Streit zwischen ihm und dem Täter zu beenden, als der Täter selbst. Lass mich ein einfaches Beispiel geben. Wenn ein verheirateter Mann dabei erwischt wird, wie er seine Frau betrügt, und seine Frau so wütend auf ihn ist, dass sie die Scheidung einreicht, ist die Frau hier das Opfer, während der Mann der Täter ist. Wenn man die Situation betrachtet, hat die Frau mehr Macht und mehr Einfluss, die Scheidung zu verhindern, als der Mann. Dieser Mann hat sie vielleicht um Vergebung gebeten und ihr mehr als tausend Mal versprochen, dass er sie nie wieder betrügen würde. Er hat geweint, er hat Freunde angerufen, um ihm zu helfen, aber seine Frau blieb standhaft. Nachdem er alles in seiner Macht Stehende getan hatte, um seine Frau zurückzugewinnen, und sie mit ihrem Wunsch nach Scheidung standhaft blieb, stimmte der Mann zu, obwohl er es nie wollte. Der Scheidungsprozess endet nicht, weil der Mann es so wollte. Er hat sein Bestes getan, um sicherzustellen, dass sie die Scheidung nicht in Erwägung zieht, wenn es also in seiner Macht stünde, den Scheidungsprozess zu beenden, hätte er das schon vor langer Zeit getan, aber es liegt nicht in seiner Macht. Aber wenn die Frau, die das Opfer ist und den Scheidungsprozess eingefädelt hat, nun in letzter Minute ihre Meinung ändert und beschließt, den Scheidungsprozess zu stoppen, würden der Ehemann und die Ehefrau eine größere Chance haben, wieder zusammenzukommen.

Betrachten wir ein anderes Beispiel: Seit dem Aufkommen von Covid-19 ist die Zahl der Einbrüche in den armen Regionen der Welt gestiegen, obwohl die Menschen zuhause waren.

In den sozial gestressten Regionen wird in die Häuser vor allem von Auswanderern und Rentnern eingebrochen, die dort ihren Lebensabend ruhig verbringen wollen.

Nehmen wir an, jemand hat sein Haus verschlossen und ist in die Stadt gefahren, um regelmäßig zur Dialyse zu gehen. Normalerweise kommt er täglich gegen Abend zurück und kehrt nicht mehr nach Hause zurück, nachdem er das Haus verlassen hat.

Dann hat eine Person in seiner Nachbarschaft, die jeden seiner Schritte beobachtet. Diese Person ist sehr daran interessiert, in das Haus dieses Mannes einzubrechen. Er beabsichtigt, Sachen aus dem Haus dieses Mannes zu stehlen. Sie beobachtet diesen Mann lange Zeit sehr genau. Nachdem sie ihn lange beobachtet hatte, konnte die Person feststellen, dass dieser Mann nur selten nach Hause kam, nachdem er das Haus verlassen hatte. Das heißt, wenn er mit seinem Vorhaben, in das Haus des Mannes einzubrechen, Erfolg haben wollte, musste er es in der Zeit tun, in der der Mann nicht zu Hause war. Der Einbrecher begann daraufhin, genaue Pläne zu schmieden, wie er in das Haus eindringen konnte. Er legte sein Werkzeug bereit und wartete auf den besten Tag und die beste Zeit, an dem er sicher war, dass niemand in der Nachbarschaft ihn beim Einbruch in das Haus des Mannes sehen würde.

Eines Tages glaubt dieser Einbrecher dann, dass der richtige Zeitpunkt gekommen ist. Der Einbrecher holt seine Werkzeuge und bricht mit ihrer Hilfe in das Haus des Mannes ein. Während er noch auf der Suche nach dem ist, was er aus dem Haus des Mannes stehlen kann, kommt der Hausbesitzer zum ersten Mal seit langem tagsüber nach Hause. Der Dialyse-Termin fiel aus und er beschloss, unverzüglich zurückzukehren. Der Einbrecher bemerkte sofort, dass der Hauseigentümer zurückgekehrt war. Er war frustriert, verunsichert und überlegte, wie er am schnellsten vorgehen könnte. Er wusste bereits, dass der Hauseigentümer schon beim ersten Blick auf die Tür feststellen würde, dass eingebrochen worden war, was für den Einbrecher ein größeres Risiko bedeutete. Der Einbrecher versteckt sich. Sofort kam der Hauseigentümer herein. Er war in höchster Alarmbereitschaft, denn er wusste, dass jemand in sein Haus eingebrochen war, weil seine Tür, die er vor dem Verlassen des Hauses abgeschlossen hatte, geöffnet worden war. Der Hauseigentümer griff daraufhin nach seiner Waffe. Dies löste bei dem Dieb noch mehr Panik aus. Der Dieb gab sich zu erkennen und flehte um Vergebung. Er wusste, dass er getötet werden konnte, wenn er nicht klug handelte. Seine einzige Option in diesem Moment war, den Kampf aufzugeben. Als er um Gnade bettelte, wusste der Hausherr nun, wo er sich versteckt hatte, ging er zu ihm und richtete seine Waffe auf ihn. Dennoch war er überrascht, dass die Person, die in sein Haus eingebrochen war, jemand aus derselben Nachbarschaft war. Er stand dieser Person nicht sehr nahe, aber sie grüßten sich, wann immer sie sich trafen. Der Einbrecher fängt an, um Gnade zu betteln und bittet den Hausbesitzer, ihm zu vergeben.

Wenn wir die Situation dieser beiden Personen in diesem Raum betrachten, hat der Einbrecher die Tür aufgebrochen. Der eine ist der Einbrecher, der andere ist der Hausbesitzer. Der Einbrecher ist der Täter, während der Hausbesitzer das Opfer ist. Der Einbrecher bittet das Opfer, den Hausbesitzer, um Verzeihung und darum, die Polizei nicht einzuschalten. Der Täter weiß, dass er, sobald die Polizei eingeschaltet wird, vor Gericht angeklagt wird und höchstwahrscheinlich den Prozess verliert und zu einer Gefängnisstrafe verurteilt wird; deshalb hat er um Gnade gebettelt. Das Opfer muss nun selbst entscheiden, ob es sich weiterhin als Opfer oder als Täter sehen will. Mit anderen Worten: Das Opfer muss selbst entscheiden, ob es die Polizei einschalten will oder nicht. Welche Maßnahmen ergriffen werden, um den Status ihrer ungesunden Beziehung zu ändern, liegt eher in der Hand des Opfers; der Täter kann den ganzen Tag lang betteln. Wenn das Opfer sich immer noch weigert, auf sein Flehen zu hören, würde er vor Gericht gestellt werden. Er würde wegen Einbruchs in ein fremdes Haus ins Gefängnis kommen. Der Täter könnte viele Ausreden haben, die ihn seiner Meinung nach zu seiner Tat getrieben haben. Er könnte Hunger oder lange Arbeitslosigkeit als Entschuldigung anführen, und seine Gründe könnten den Leuten sehr vernünftig erscheinen. Aber die endgültige Entscheidung, ob der Fall weiterverfolgt oder fallen gelassen wird, liegt beim Opfer. Bleibt das Opfer auch nach all den Plädoyers hartnäckig und unnachgiebig, wird der Täter wahrscheinlich vor Gericht gestellt werden.

Anhand der oben genannten Beispiele können wir sehen, wie viel Macht das Opfer hat, wenn es um Vergebung geht, wenn es darum geht, die unheilvolle Beziehung zwischen dem Opfer und dem Täter zu durchbrechen. Wir haben festgestellt, dass die Hauptperson, die den Schlüssel zur Zerschlagung der bösartigen Verbindung zwischen Opfer und Täter besitzt, das Opfer ist.

Manche Opfer werden dem Täter niemals zuhören. Manche Opfer werden nie in Betracht ziehen, von sich aus Frieden mit dem Täter zu schließen. Wenn Opfer sich mit einem Täter versöhnen, geschieht dies meist nach großen Anstrengungen von Freunden und Wohltätern. Selbst dann ist die Beziehung zwischen dem Opfer und dem Täter immer noch nicht ganz reibungslos, auch wenn das Opfer immer wieder sagt, dass es dem Täter vergeben hat. Das Opfer gibt jedoch immer wieder vor, dass es dem Täter vergeben hat, aber in Wahrheit muss es dem Täter noch vergeben. Die Wahrheit ist, dass er noch nicht von den Schmerzen geheilt ist, die der Täter ihm zugefügt hat.

Es ist ganz natürlich, dass Menschen, die durch das, was ihnen jemand angetan hat, kurzsichtig in ihrem Urteil sind. Ebenso nachvollziehbar ist, dass Menschen, die glauben beleidigt worden zu sein, nur in eine Richtung denken. Sie sind traurig, haben Schmerzen und ihr Hauptaugenmerk liegt darauf, dass die Person, die sie beleidigt hat, ihnen etwas Schreckliches angetan hat. Sie verabscheuen die Tatsache, dass ausgerechnet eine Person, der sie von ganzem Herzen vertraut haben, so gehandelt hat. Der Schmerz ist so enorm, dass er wiederum das Urteilsvermögen des Opfers beeinträchtigt. Es ist so schwierig, ein Opfer zu sehen, das objektiv denkt, wenn es darum geht, zu erörtern, warum und wie es zum Opfer wurde. Sie sind so von negativen Emotionen erfüllt, dass sie nicht objektiv denken können, wenn es um die Frage geht, was ihnen passiert ist oder wer ihnen das angetan hat. Man kann es ihnen nicht verübeln. Sie sind Menschen. Menschen denken zwangsläufig mehr an sich selbst als an andere.

Lassen Sie uns nun das Gesamtbild betrachten. Du bist in der Tat das Opfer. Du warst in der Tat derjenige, dem Unrecht getan wurde, und es ist auch wahr, dass man dich ausgenutzt hat, aber hast du jemals versucht, dich in die Lage des Täters zu versetzen? Hast du jemals versucht, dir die Geschichte vorzustellen, die er zu erzählen hat?

Siehst du, eine Sache im Leben ist, dass jede Geschichte mehr als nur eine Seite hat. Mehr als richtig und falsch. Und genauso hat jede Person eine Geschichte zu erzählen.

Jeder hat eine Erklärung für sein Handeln, unabhängig davon, ob seine Antwort vernünftig ist oder nicht.

Hast du jemals über das Ur-Motiv nachgedacht, warum der Täter dir das angetan hat? Hast du darüber nachgedacht, warum und wie der Täter zum Täter wurde? Konntest Du jemals Mitgefühl für die die fatale Täterrolle aufbringen, in die der Täter vielleicht aus Mangel und Defiziten gestolpert ist?

Selbst nach reiflicher Überlegung reagiert das Opfer oft mit einem Gefühl der Gleichgültigkeit gegenüber dem, was der

Täter zu sagen hat. Das Opfer hat seine eigene Geschichte; das Opfer wusste, dass es im Recht war. Das Opfer wusste, dass es das Opfer war, und so fühlen sich die meisten Opfer auch nach dem Anhören der Geschichte des Täters in keiner Weise berührt.

Die Frage ist: Warum fühlen sich diese Opfer so? Warum fühlen sich diese Opfer nicht bewegt, selbst wenn sie die Geschichte des Täters gehört haben? Das liegt daran, dass das Opfer sich noch nicht in den Täter hineinversetzt hat, um zu verstehen, was das innere Kind des Täters so sehr verletzt hat, dass er sich dem Opfer gegenüber so verhalten hat.

Die Wahrheit ist, dass viele Straftäter leiden. Ich weiß, dass nicht jeder Täter leidet, aber manche leiden, und wenn sie versuchen, ihr Leid zu äußern, machen sie am Ende die Person, die sie am meisten lieben, zum Opfer.

Da war dieser Mann, der seine Frau ständig verbal und seelisch misshandelte. Er war nicht immer so. Seine Frau war schon lange mit ihm zusammen, und ihrer Meinung nach war er der beste Mann, den sie sich wünschen konnte. Sie konnte nicht verstehen, warum sich ihre Beziehung so entwickelte. Monatelang, ein Jahr lang, dachte diese Frau darüber nach, warum ihr Mann sich so verhielt. Dieser Mann führte auch manchmal Selbstgespräche. Er war nicht immer glücklich, als er merkte, wie schlecht er seine Frau behandelte. Es gefiel ihm nicht, was passierte.

Er wollte etwas ändern, aber er verhielt sich meistens immer noch genauso. Irgendwann wurde es dann zu einem großen

Problem. Die Frau hatte schon genug davon und dachte an Scheidung. Jemand brachte sie auf die Idee, sich in eine Therapie zu begeben. Das war ihre letzte Hoffnung, die Situation noch zu retten. In dieser Sitzung stellte sich heraus, dass der Mann sehr verletzt war.

Er war nach der Vergewaltigung seiner Frau sehr verletzt.

Er wusste, dass es nicht ihre Schuld war, aber er verstand nicht, warum er es immer wieder an ihr ausließ, auch wenn er sich versprochen hatte, damit aufzuhören. Selbst nachdem seine Frau einen Weg gefunden hatte, das Trauma, das sie erlitten hatte, zu verarbeiten, wurde der Mann von seiner Depression aufgefressen. Er litt. Er kämpfte mit etwas.

Man musste sich in seine Lage versetzen. Man müsste wie er denken, um die Schwere dessen zu verstehen, womit er kämpfte. Sein inneres Kind war so sehr verletzt, er wusste nicht, wie er es heilen konnte. Er wusste nicht, wie er es anpacken sollte, er verletzte einfach die Frau, die er liebte, wegen etwas, das in keiner Weise ihre Schuld war.

Dieser Mann hätte ihr helfen können, das Trauma, das sie durch die Vergewaltigung erlitten hatte, zu überwinden. Er hätte ihre Stütze sein können, die ihr half, aus dem Kreislauf des Traumas, das sie durchlebte, auszubrechen. Trotz alledem war sein inneres Kind verletzt und konnte sich nicht helfen. Das Ergebnis dieses inneren Leidens war, dass er seine Frau schlecht behandelte. Erst indem er sein inneres Kind heilte und die Vergebungsarbeit begann konnte er heilen und damit der Ehe eine neue Chance geben.

Nehmen wir an, du kannst dich dazu bringen, dir den wahren Grund für die Handlung des Täters vorzustellen. Wenn du dich in diesem Fall in die Lage des Täters versetzen kannst, wird dir das helfen, diesen besser zu verstehen. Es wird dir helfen, ihm zu vergeben. Wie ich bereits sagte, geht es bei der Vergebung mehr um das, was wahrgenommen oder gefühlt wird, als um das, was artikuliert wird oder was getan oder nicht getan wurde. Es muss aus dem Herzen kommen, damit es eine absolute Vergebung ist. Solange du nicht verstehst, warum der Täter getan hat, was er getan hat, bist du vielleicht nicht in der Lage, in deinem Herzen wahrzunehmen oder zu fühlen, dass du dem Täter verzeihen kannst. Es kann sein, dass du in deinem Herzen verletzt bleibst.

Kapitel 18

Warum wir dem Teufelskreis entkommen sollten

Als ich jünger war, war ich Teil dieser Gruppe von Freunden. Wir trafen uns von Zeit zu Zeit und verbrachten viel Zeit miteinander. Die Zeit zusammen hat Spaß gemacht. Wir passten alle aufeinander auf und halfen uns gegenseitig, wenn einer von uns in Not war. Es gab zwei unter uns, die immer Probleme hatten. Einer war ein Junge und der andere ein Mädchen. Der Junge fand es immer schwierig, das Mädchen zu tolerieren, und das Mädchen fand immer Fehler in allem, was der Junge tat. Sie hatten immer Probleme, aber da wir immer zusammen waren, fanden sie immer einen Weg, um ihre Probleme zu lösen. So kam es, dass die beiden ein Problem hatten, das schwerwiegender war, und es länger anhielt. Wir machten uns Sorgen und versuchten, das Problem für die beiden zu lösen, aber das Mädchen blieb standhaft und sagte, sie wolle nichts mehr mit ihm zu tun haben. Unser Freund hat sich das nicht zu Herzen genommen. Er hat einfach so getan, als ob es keine große Sache wäre. Er hatte zu der Zeit einen Nebenjob, um sich ein wenig Geld zu verdienen. Eines Tages ging er also mit einem anderen Typen aus unserer Gruppe zu diesem Nebengeschäft. Meistens machen sie das zusammen.

Während sie dies taten, wurde der Mann, der ein Problem mit dem Mädchen hatte, in einen Autounfall verwickelt. Er starb an den Verletzungen, die er bei diesem Autounfall erlitten hatte. Wir waren am Boden zerstört. Er war so jung, als er starb. Wir weinten alle, aber mir fiel etwas auf. Das Mädchen, das sich weigerte, mit ihm Frieden zu schließen, weinte ungefähr zwanzigmal stärker als alle anderen. Sie bedauerte es sehr, dass sie ihm nicht vergeben konnte. Das brachte sie dazu, sich selbst zu hassen.

Manchmal bedauert man etwas viel stärker, wenn man sich weigert, aus dem Teufelskreis auszubrechen, den man mit jemandem hat, dem man nicht vergeben wollte. Die Schuldgefühle treffen einen so sehr, dass man davon sogar depressiv wird. Du kannst dir vorstellen, dass die Mutter dieses Mannes sie sogar trösten musste, weil sie sah, wie sehr sie betroffen war. Das war sehr heftig für sie. Der Teufelskreis führt oft zu Reue. Der Teufelskreis hinterlässt oft ein derart kaputtes Herz, dass man sich oft wünscht, man hätte es lösen können. Das tritt dann zum Vorschein, wenn man eine Reihe von schlechten Erlebnissen erlitten hat.

Es gibt viele Gründe, warum du aus dem Teufelskreis ausbrechen solltest. Ich möchte über einige dieser Gründe sprechen:

Befreie Dich endgültig aus dem Teufelskreis von Täter-Opfer
1. Der Ausbruch aus dem Teufelskreis macht dich frei. So sehr du dich auch weigern wirst, dies zu akzeptieren, die

Wahrheit ist, dass der Teufelskreis, indem du dich selbst gefangen hast, wie ein Gefängnis ist. Du kannst in diesem Kreis wie ein Gefangener eingesperrt werden. Du bekommst nicht die Freiheit, die dein Herz braucht. Wann immer dir die Person, mit der du in diesem Kreis gefangen bist, in den Sinn kommt, gerätst du in Schwierigkeiten. Du fängst an, dir viele negative Dinge zu wünschen. Das wirkt sich auf deine Psyche aus. Du wirst ein Opfer der geistigen Sklaverei. Die Zeit, die du mit produktiven Dingen hättest verbringen sollen, vergeudest du damit, an die Person zu denken, mit der du diesen Teufelskreis teilst. Wenn du dich zusammenreißt und dir vornimmst, aus diesem Kreis auszubrechen, wirst du frei sein. Hier gibt es keine zwei Möglichkeiten. Es führt kein Weg daran vorbei: Wenn du frei sein möchtest, musst du für deine Freiheit arbeiten, und du musst dich selbst befreien. Du wirst den Teufelskreis durchbrechen müssen.

2. Es hilft dir, in deinem Leben voranzukommen. Stelle dir jemanden vor, der lange Zeit in einer schmerzhaften Vergangenheit gefangen ist; diese Person dreht sich weiter im Kreis wie ein Punkt in einem Kreis, der nie aus dem Prozess herauskommt. So geht es den Menschen, die in einem Teufelskreis gefangen sind. Du kannst dich nicht vorwärtsbewegen. Dein Leben wird immer noch in der Vergangenheit sein; du wirst deine Gegenwart in deiner Geschichte leben. Am Ende wirst du andere Menschen um dich herum wegen deiner Vergangenheit verletzen. Das kann dazu führen, dass alle um dich herum dich als unglückliche oder lästige Person sehen werden.

Menschen, die dich kennen, werden es vermeiden, etwas mit dir zu unternehmen, weil sie wissen, dass du sie am Ende verletzen könntest. Wenn du in deinem Leben vorankommen willst, musst du aus diesem Teufelskreis ausbrechen. Du musst diesen Kreislauf durchbrechen. Du musst der Person, von der du glaubst, dass sie der Täter ist, vergeben; du musst von den unsichtbaren Wunden heilen, die dein Leben negativ zu beeinflussen scheinen. Du musst mit deinem Leben weitermachen. Damit du das tun kannst, musst du aus dem Teufelskreis ausbrechen.

3. Dein Heilungsprozess beginnt: Der einzige Grund, warum du immer noch voller Hass auf den Täter bist, ist, dass du noch nicht von dem geheilt bist, was der Täter deiner Meinung nach dir angetan hat. Du musst den Schmerz über das, was der Täter deiner Meinung nachgetan hat, noch loslassen. Mit anderen Worten: Auch wenn diese Erfahrung, die dich in einem Teufelskreis gefangen hielt, schon lange zurückliegt, hast du deinen Heilungsprozess noch nicht begonnen. Du musst noch mit der Heilung beginnen. Es gibt keine Möglichkeit, sich von der Vergangenheit zu erholen, wenn du es nicht schaffst, aus dem Teufelskreis auszubrechen, in dem diese Vergangenheit dich gefangen gehalten hat. Es gibt keine Möglichkeit, ein besserer Mensch zu werden, wenn du dich nicht von dieser Vergangenheit, die dich jetzt verfolgt, heilen kannst. Es gibt keine Möglichkeit, glücklich zu werden, wenn du nicht wahre Heilung von eben dieser Vergangenheit erfährst. Deine wahre Heilung beginnt, wenn du den Willen und den Eifer findest, aus dem Teufelskreis auszubrechen. Erst wenn du dich entschlossen hast, aus diesem Teufelskreis auszubrechen,

wirst du in der Lage sein, deine vollständige Heilung zu erlangen.

4. Aus diesem Teufelskreis auszubrechen hilft, die Wut zu beseitigen, die sich im Laufe der Jahre in deinem Herzen aufgestaut hat - ein ständiger Ärger, der von Zeit zu Zeit auftaucht, veranlasst diejenigen, die in dieser Wut gefangen sind, deine Aggression auf jemand anderen zu übertragen, der mit deiner Wut nicht das Geringste zu tun hat. Aus diesem Teufelskreis auszubrechen, befreit nicht nur von angestautem Ärger, sondern auch von Bosheit. Menschen, die Bosheit hegen, sind potenzielle Kriminelle. Sie können Dinge tun, die sie für den Rest ihres Lebens bereuen werden. Dinge, die den Täter und sich selbst als Opfer ruinieren können. Böswilligkeit ist oft die Grundlage für viele Verbrechen, die an verschiedenen Orten begangen werden. Wenn Menschen das Gefühl haben, dass man ihnen Unrecht tut oder sie betrügt, kommt Bosheit ins Spiel. Es ist in Ordnung, wenn die Bosheit nur für kurze Zeit auftaucht, aber es ist ein Problem, wenn sie auftaucht und nicht verschwindet. Diese Bosheit und Wut führen dazu, dass das Opfer sein Einfühlungsvermögen verliert; das Einzige, was ihm durch den Kopf geht, ist die Frage, wie es dem Täter schaden kann, wie es sich an ihm rächen kann oder wie es ihm das zurückzahlen kann, was der Täter ihm angetan hat. Du musst jetzt aus diesem Teufelskreis ausbrechen, um Wut und Bosheit loszuwerden. Je länger sie sich ansammeln, desto gefährlicher werden sie für dich. Das liegt daran, dass sie dich am Ende deines richtigen Urteilsvermögens berauben und dir am Ende dein gutes Herz nehmen und es durch ein Herz des Chaos ersetzen können.

5. Wenn du aus diesem Teufelskreis ausbrichst, gibst du jemandem nicht länger die Kontrolle über deine Gedanken. So logisch es auch klingen mag, die Wahrheit ist, dass manche Menschen die Kontrolle über ihr Leben verloren haben. Es gibt so viele Menschen da draußen, die keine Kontrolle über ihr Leben oder ihr Urteilsvermögen haben. Ihr Leben ist wie das eines Drogenabhängigen. Wenn Menschen Drogen nehmen, handeln sie ganz anders, als sie es getan hätten, wenn sie bei klarem Verstand gewesen wären. Einige von ihnen gehen hinaus und greifen Menschen an, die sie nicht angegriffen hätten, wenn sie bei klarem Verstand gewesen wären; einige gehen sogar so weit, dass sie dabei jemanden töten. Als sie all das taten, hatten sie ihre Emotionen nicht unter Kontrolle; sie hatten keine Kontrolle über das, was in ihren Köpfen vorging; alles an ihnen wurde von den Drogen kontrolliert, von denen sie high waren. Am Ende begingen sie Verbrechen, die sie für viele Jahre hinter Gitter brachten; sie begingen Verbrechen, die ihnen ihr „Recht auf Leben" nehmen konnten. Sie konnten sich nicht beherrschen, als sie dieses Verbrechen begingen, aber sie werden trotzdem schwer dafür leiden. Dies ist ein Synonym für jemanden, der in einem Teufelskreis gefangen ist. Wenn du in einem Teufelskreis gefangen bist, hast du keine Kontrolle über deinen Verstand; du hast keine Kontrolle über dein Leben. Der Hass, den du für das Opfer oder den Täter empfindest, beherrscht dein Leben. Der Hass, den du für den Täter empfindest, wird deine Handlungen bestimmen. Du könntest anfangen, dich böse zu verhalten; du könntest gefühllos werden; du könntest ein Betrüger werden; du könntest ein Missbraucher werden; all diese und viele andere Dinge sind sehr verstörend, für die du bekannt

sein wirst. Die meisten Dinge, die du tust, werden sich in eine Richtung bewegen, die zeigt, dass du aufgrund dessen handelst, was du in deinem Herzen angesammelt hast. Du hast keine Kontrolle über dein Leben, wenn du in einem Teufelskreis gefangen bist. Der Kreis kontrolliert dich. All der Hass, der sich in deinem Herzen angesammelt hat und der dich wie ein Gefangener in diesem Kreis hält, wird immer wieder auf unterschiedliche Weise zum Vorschein kommen und dein Leben auf unterschiedliche Weise beeinflussen. Am Ende wirst du ein schrecklicher Mensch sein. Du wirst keine Freude haben. Zu dem, was andere tun und woran sie Freude finden, wärst du nicht imstande. Warum? Weil du in einem Teufelskreis gefangen bist. Brich aus diesem Kreis aus. Nimm dein Leben in die Hand. Besitze die Kontrolle über dich selbst.

6. Aus diesem Teufelskreis auszubrechen, hilft dem Täter, auch seelisch zu heilen. Die Wahrheit ist, dass nicht jeder Täter in jeder Hinsicht schrecklich ist. Wie wir bereits in einigen der obigen Geschichten betont haben, haben wir gesehen, dass Menschen andere Menschen verletzt haben, weil sie selbst verletzt waren. Der Täter hat vielleicht etwas durchgemacht, als er dich verletzt hat. Vielleicht warst du sogar derjenige, der den Täter verletzt hat, der dich schließlich zu seinem Opfer gemacht hat. Nachdem dein Täter dich verletzt hat, hat er erkannt, dass das, was er dir angetan hat, in jeder Hinsicht falsch war. Er wurde auch zum Opfer. Sie fangen an, unter der Tatsache zu leiden, dass sie die Ursache für deinen Schmerz sind. Sie fangen an, unter der Tatsache zu leiden, dass sie diejenigen waren, die dein Leben so elend gemacht haben, wie es sich herausstellte. Selbst wenn es

ihnen gelingt, das, was sie dir angetan haben, für eine kurze Zeit zu vergessen, sehen sie immer wieder Dinge, die sie daran erinnern, was sie dir angetan haben. Die Schuldgefühle versuchen, sie zu verdrängen. Dies kann den Täter seelisch stark beeinträchtigen. Wenn du also aus diesem Teufelskreis ausbrichst, befreist du nicht nur dich, sondern auch deinen Täter. Vielleicht möchtest du immer noch nicht, dass dein Täter in irgendeiner Weise frei ist. Denke daran, dass du dich selbst einsperrst, während du deinen Täter weiterhin einsperrst. Während dein Täter für dich ein Gefangener ist, bist du ein Gefangener des Teufelskreises und indirekt ein Gefangener deines Täters. Du musst aus dem Teufelskreis ausbrechen, um dich und alle anderen Menschen, die in diesem Teufelskreis gefangen sind, zu befreien. Bringe deine psychische Gesundheit in Ordnung und bringe die psychische Gesundheit der Person in Ordnung, die dich zum Opfer gemacht hat.

7. Weißt du, dass Vergebung die beste Rache ist, die du geben kannst? Das Gesetz der Schwerkraft besagt, dass alles, was in die Höhe steigt, auch wieder auf den Boden zurückkehren muss, vor allem, wenn dies auf der Erde geschieht. Wenn du einen Stein in die Luft wirfst, wirst du sehen, dass der Stein zu dir zurückkommt. Es gibt Kräfte, die wollen, dass du in diesem Teufelskreis bleibst. Diese Kräfte wollen, dass du ein schrecklicher Mensch wirst oder bleibst. Sie haben dich zu lange in einem Teufelskreis gefangen gehalten; sie tun dies, um dich zum Schlechten zu verändern; in Wirklichkeit haben sie dir viel Schaden zugefügt. Du musst dich rächen. Diesmal ist der Täter vielleicht nicht derjenige, an dem du dich rächst; deine Rache wird sich gegen die Kräfte richten,

die versuchen, dich herunterzuziehen. Deine Rache wird sich gegen diesen Teufelskreis richten. Du musst dich an diesem Teufelskreis rächen, weil er dich schon zu lange in ihm gefangen hält. Breche aus ihm aus, nimm deine süße Rache.

Kapitel 19

Selbstvergebung

Ich habe bereits in mehreren Kapiteln über Vergebung gesprochen, aber ich habe noch nicht wirklich ausführlich über Selbstvergebung gesprochen, also kommen wir jetzt dazu.

Selbstvergebung bedeutet, dass du dir selbst für das vergibst, von dem du glaubst, dass es nicht hättest tun sollen, dass du aber trotzdem getan hast. Man vergibt sich selbst für die bedauerlichen Dinge, für die man sich immer wieder die Schuld gibt. Du beschließt, dich aus dem Elend zu befreien, indem du dich eingesperrt hast, weil du dich dafür gehasst hast, dass du etwas getan oder nicht getan hast. Die schlimmste Form des Schmerzes, dem man jemals ausgesetzt sein wird, ist das innere Elend. Damit will ich nicht sagen, dass die äußere Hölle nicht genauso elend ist, aber die angeborene Verzweiflung steht auf einer anderen Ebene, wenn es darum geht, traurig oder katastrophal zu sein. Wenn Menschen unter äußerem Elend oder Elend leiden, das mit ihrer Umgebung zu tun hat, erfahren sie Erleichterung, wenn sie ihre Umgebung woanders verlassen. Wenn Menschen ein äußeres Leid haben, das mit den Menschen zu tun hat, die sie sehen, ist es oberflächlich. Die

Menschen, die sie sehen, sind Teil ihrer Umgebung. Wenn sie diese Menschen nicht mehr sehen, fühlen sie sich besser oder entkommen für einen Moment oder einen längeren Moment ihrem Elend. Das ist alles unnötige Folter. Wenn der Schmerz jedoch intrinsisch ist, befindet sich das Unbehagen im Inneren der Person. Diese Person geht ihren täglichen Aktivitäten nach, während sie dieses Elend mit sich herumträgt. Diese Menschen kämpfen weiter mit inneren Kämpfen, sie können von dem, was in ihnen vorgeht, erschöpft werden.

Die Menschen kämpfen mit einem Problem oder einem Fehler, den sie in der Vergangenheit gemacht haben und für den sie sich selbst vergeben sollten, um eine Menge innerer Kämpfe zu führen. Sie hassen sich selbst. Sie hassen dieselbe Erfahrung, die sie dazu gebracht hat, sich selbst zu hassen. Sie tun ihr Bestes, um die Erinnerung an das Geschehene aus ihrem Kopf zu verdrängen, aber es gelingt ihnen nicht so, wie sie es wollten. Und warum? Weil sie es auf die falsche Weise tun, vielleicht weil sie sich noch nicht entschlossen haben, sich selbst zu vergeben.

Was ist passiert, dass du anfängst, diese Schuldgefühle zu empfinden, die dich schon seit langem begleiten und die du einfach nicht loswerden kannst? Weißt du, dass das, was passiert ist, vielleicht nicht deine Schuld ist, wenn es deine Schuld war? Weißt du, dass du dich schrecklich fühlst, dass die Tatsache, dass du dich so sehr darüber aufregst, auch wenn es schon lange her ist, zeigt, dass du ein gutes Herz hast?

Du bist schließlich ein Mensch. Menschen sind nicht dafür bekannt, perfekt zu sein. Wenn jemand herauskommt und allen in seinem Land etwas sagt und niemand etwas Schlechtes dazu sagen darf, dann gibt es vielleicht ein Problem. Es muss Kritik geben. Die Menschen werden immer Fehler an dem finden, was er gesagt hat, oder an einigen Dingen, die er zu ihnen gesagt hat. Der einzige perfekte Mensch auf Erden ist ein Verrückter. Ein Verrückter sieht sich in allem, was er sagt und tut, im Recht, und die Menschen um ihn herum, die ihn beobachten, sagen nie etwas, um dem Verrückten zu widersprechen, weil sie wissen, dass der Verrückte verrückt ist. Der Verrückte sieht in allem, was er sagt, richtig und perfekt aus, weil die Menschen um ihn herum ihn ignorieren, nachdem sie bedacht haben, dass er ein wenig dement ist. Wenn also kein Mensch da draußen perfekt ist, warum solltest du dann perfekt sein? Wenn niemand darüber erhaben ist, Fehler zu machen, warum solltest du dann an einem Fehler festhalten, den du vor Jahren gemacht hast, und dir erlauben, dich durch diesen Fehler wie ein Seil zu binden? Fehler sind dazu da, gemacht zu werden. Fehler sind typisch für Menschen, die sie machen. Frage irgendeinen prominenten Geschäftsmann da draußen, der lange Zeit erfolgreich ein Unternehmen geleitet hat; du wirst aus seinen Geständnissen herauslesen können, dass er seit seiner Gründung unzählige Fehler gemacht hat. Auch wenn sie heute groß dastehen, auch wenn sie heute zu gut dastehen, ändert das nichts an der Tatsache, dass sie in der Vergangenheit viele Fehler gemacht haben, als sie versuchten, ihre Unternehmen zu vergrößern. Das Fehlen von Fehlern ist kein Zeichen für Perfektion. Die Abwesenheit von Fehlern kann vielmehr bedeuten, dass jemand vorgibt, etwas zu sein, was er nicht ist, oder ein falsches Leben oder eine falsche Geschichte vorspielt. Das Vorhandensein von Fehlern zeigt, dass man menschlich ist.

Es zeigt, dass du nicht unter psychischen Problemen leidest; du bist nicht perfekt.

Große Männer machen unzählige Male Fehler, aber wenn sie sie machen, tun sie ihr Bestes, um dieselben Fehler nicht noch einmal zu machen. Sie stellen sicher, dass sie die Lektion lernen, die sie aus ihren Fehlern lernen sollen. Nachdem sie diese Lektion gelernt haben, werden sie noch besser und bedeutender im Leben. Wenn man Fehler macht, ist es unangebracht, weiter auf den Fehlern herumzureiten. Es ist eine Sache, Fehler zu machen und im Schatten der Fehler zu verharren; eine andere Sache ist es, einen Fehler zu machen und sich zu weigern, auf den Fehlern zu verweilen, und alles zu tun, um die Dinge besser zu machen, als zuvor. Da sie bereits Erfahrungen mit ihren früheren Fehlern gemacht hatten, wiederholten sie diese nie.

Nehmen wir an, du hast einen Fehler gemacht und fühlst dich deswegen schlecht. Das war ein Fehler, den du gemacht hast. Es ist in Ordnung, über deine Fehler zu trauern, aber die Frage ist, wie lange wirst du trauern? Wie lange willst du dich noch auf denselben Fehler beschränken, den du gemacht hast? Ändern die Trauer und der Stress über den Fehler, den du gemacht hast, etwas an der Tatsache, dass du diesen begannen hast? Nein! All die Jahre, die du damit verschwendet hast, über deine Fehler zu trauern und dich dafür zu hassen, hättest du nutzen sollen, um im Leben weiterzukommen; du hättest sie nutzen sollen, um deinen Fehler zu korrigieren und noch besser zu werden, als du jetzt bist. Du musst dir selbst verzeihen. Du musst dich von dem Schmerz heilen lassen, der dir durch denselben Fehler zugefügt wurde, den du gemacht hast.

Der Weg zur Selbstvergebung ist der zielgerichtete Weg, der Menschen oft in ihre beste Version verwandelt. Die Version, die du in den Monaten oder Jahren, in denen du über deine Fehler getrauert hast, nicht sein konntest. Es gibt mehrere Schritte auf dem Weg zur Selbstvergebung; sehen wir uns einige davon an:

1. Entscheide dich: Der allererste Schritt, um dir selbst zu verzeihen, was auch immer dich bedrückt hat, ist zu akzeptieren, dass du dir selbst vergeben willst. Du musst akzeptieren, dass du genug über diesen speziellen Fehler getrauert hast. Du musst akzeptieren, dass du deine Zeit damit verschwendest, über diesen speziellen Fehler zu trauern. Du musst entscheiden, wann genug genug ist. Du musst dich entscheiden, dass du eine Veränderung willst. Veränderung ist die einzige Konstante im Leben, aber wenn du dein Leben verändern willst, vor allem, wenn die Veränderung, die du herbeiführen willst, positiv ist, musst du meistens dafür arbeiten. Man muss eine Menge Arbeit investieren. Wenn du an deinen Fehlern festhältst, kannst du keine Veränderung herbeiführen, wenn du nicht bereit bist, an deine Veränderung zu arbeiten. Damit du bereit bist, die anspruchsvolle Arbeit auf dich zu nehmen, solltest du dich zumindest dafür entschlossen haben. Schlechte Angewohnheiten sind nicht leicht abzulegen. Um eine schlechte Angewohnheit abzulegen, muss man einen inneren Kampf führen. Es muss die Bereitschaft vorhanden sein, auf bestimmte Dinge zu verzichten, die dir bei deinem Bestreben, die schlechte Gewohnheit abzulegen, hindern würden. Du hast zu lange über deine Fehler getrauert. Du hast dir zu lange die Schuld für deinen Fehler gegeben. Der Fehler hat einen Weg gefunden, ein Teil von dir zu werden.

Es versucht, dich zu ruinieren und dich daran zu hindern, es im Leben weit zu bringen. Du musst dich entscheiden, dich zu wehren und es aus deinem Herzen zu vertreiben.

2. Verstehe deine Emotionen: Die Emotionen zu verstehen, die dich schwer getroffen haben, ist einer der ersten Schritte, die du unternehmen musst, wenn du dir ernsthaft vergeben willst, egal welchen Fehler du glaubst, in der Vergangenheit gemacht zu haben. Bestimmte Emotionen treten immer auf, um dich außer Gefecht zu setzen. Diese Emotionen bahnen sich immer ihren Weg zu deinem Herzen, und jedes Mal, wenn sie das tun, werfen sie dir Schuldgefühle vor. Du musst diese Emotionen verstehen; du musst wissen, dass sie dazu da sind, dich zu desorganisieren und zu destabilisieren. Wenn du sie kennst und weißt, nach welchem Muster sie dich angreifen, wirst du wissen, wie du sie überwinden kannst.

3. Höre auf, dir die Schuld zu geben: Du kannst dir nicht selbst vergeben, wenn du immer noch davon besessen bist, dir die Schuld für das Geschehene zu geben. Ja, es ist gut, Verantwortung zu übernehmen. In der Tat zeigt die Übernahme von Verantwortung für deine Handlungen deinen großen Sinn für persönliche Reife, aber die Zeit des Trauerns ist vorbei. Du hast schon zu lange über deine Taten getrauert. Die Welt wird niemals an einem Punkt verharren, nur weil du über den Fehler, den du gemacht hast, trauerst. Die Welt wird kein Mitleid mit dir haben, wenn du weiterhin alles verlierst, was du gewinnen solltest, weil du an einem Fehler aus der Vergangenheit festhältst, den du gemacht hast. Du musst aufhören, dir selbst die Schuld zu geben. Ja,

es ist passiert, und du kannst nichts dagegen tun. Ich weiß, dass du dir vielleicht wünschst, du hättest etwas anders gemacht. Vielleicht glaubst du, es hätte das Ergebnis verändert. Die Wahrheit ist, dass du nicht in der Lage wärst, das Produkt zu ändern, wenn es so sein sollte. Es ist geschehen, weil es geschehen sollte, und da es bereits geschehen ist, kannst du die Tatsache nicht ändern, dass es geschehen ist. Sich selbst die Schuld zu geben, führt nur dazu, dass man sich weiterhin in Bitterkeit wälzt. Verbitterte Menschen kommen im Leben nicht vorwärts. Verärgerte Menschen ziehen keine Chancen an. Du kannst es besser.

4. Betrachte deinen Fehler als eine Lektion: Wenn Menschen, die Situation erkennen, die ihnen ihre Fehler aufzeigen, hätten viele Menschen in ihrem Leben mehr erreicht. Die Starken lernen aus ihren Fehlern. Sie trauern nicht zu lange über ihre Fehler. Wir hören immer wieder, dass Erfahrung der beste Lehrer ist. Das bedeutet, dass man nach einem bestimmten Vorfall, der einem Unbehagen bereitet hat, herausfinden kann, wie man verhindern kann, dass sich eine solche Erfahrung wiederholt. Wenn du einen Fehler gemacht hast, sollst du aus diesem Fehler lernen; du sollst dein Leben so anpassen, dass ein solcher Fehler beim nächsten Mal nicht wieder auftritt. Du sollst aus deiner Erfahrung lernen, wie dieser Fehler dir zum Sieg verholfen hat. Das wird dir helfen zu wissen, wie du denselben Fehler nicht noch einmal machst. Du hast diesen Fehler nicht gemacht, damit du für den Rest deines Lebens über den Fehler trauern musst. Dass ein Fehler gemacht wurde, bedeutet nicht, dass dein Leben vorbei ist. Dass du nur einen Fehler gemacht hast, ob klein oder groß, bedeutet

nicht, dass du am Ende bist. Betrachten wir die Arbeit eines Künstlers: Wenn er ein Bild zeichnet, löscht er nicht die ganze Zeichnung, nachdem er nur einen Fehler gemacht hat. Der Künstler löscht den Fehler aus und sucht nach Verbesserungsmöglichkeiten. Während er nach Verbesserungsmöglichkeiten sucht, stellt er sicher, dass er denselben Fehler nicht noch einmal macht. Vergleiche dich mit diesem Künstler. Wenn der Künstler aufhört zu zeichnen und seine Zeit damit vergeudet, sich über den Fehler zu beschweren, würde er die Zeichnung nicht fertig stellen. Wenn du weiterhin diesem Fehler nachtrauerst, den du dir noch nicht verziehen hast, könntest du zu einem Fehler werden. Ja, dein ganzes Ich könnte als Fehler enden. Das ist etwas, das zu entwürdigend aussehen wird. Sieh also deinen Fehler als deine Lektion, hör auf, ihn als dein Kreuz zu sehen, hör auf, ihn als dein Problem zu sehen, hör auf, ihn als deine Last zu sehen, sieh ihn als deinen Lehrer.

5. Kämpfe gegen eine ständige Wiederholung: Einer der Hauptgründe, warum es scheint, dass du nicht über den Gedanken an den Fehler hinwegkommst, der dich verfolgt, ist, dass sich alles in deinem Kopf immer wieder wiederholt. Du wirst immer wieder daran erinnert, was du getan hast. Du wirst immer wieder daran erinnert, was du hättest tun sollen, was du nicht getan hast. Alles wiederholt sich immer wieder, und du merkst, wie all die schlechten Stimmungen und Gefühle dich fest im Griff haben. Du kannst nicht verhindern, dass du an etwas Bestimmtes denkst, du kannst nicht verhindern, dass ein Bild in deinem Gedächtnis auftaucht, du kannst nicht verhindern, dass ein Video in deinem Gehirn abgespielt wird, aber es gibt etwas, was du

tun kannst. Du kannst dich selbst davon abhalten, bei einem Gedanken zu verweilen. Wenn ein Gedanke auftaucht, bleibt es Ihnen überlassen, ob Sie diesen Gedanken analysieren oder verdrängen wollen. Du kannst dich selbst daran hindern, eine Betrachtung auszuweiten, die dir gerade in den Sinn gekommen ist. Wenn ein Bild in dein Gedächtnis kommt, kannst du dein Gehirn daran hindern, dieses Bild weiter zu betrachten. Mit anderen Worten: Nach nur einem Blick stoppt das Gehirn die kontinuierliche Betrachtung des Bildes in deinem Gedächtnis. Wenn du ein Video aufnimmst, kannst du dein Gehirn auch daran hindern, den Inhalt dieses Videos zu sehen. Gedanken, Fotos und Videos, die dir deine Fehler vor Augen führen, sind einer der Hauptgründe dafür, dass du sie nicht aus deinem Kopf bekommst. Du kannst vielleicht nicht verhindern, dass sie kommen, wann immer sie wollen, aber du kannst dich davon abhalten, sie zu erforschen. Wenn du dies über einen längeren Zeitraum tust, werden diese Gedanken, Bilder und Videos verschwinden, ohne dass du weißt, wann und wie. Wenn du dir selbst verzeihen willst, musst du bereit sein, gegen die Wiederholung anzukämpfen; sie wird dir im Moment nichts nützen.

7. Suche eine Therapie: Je nach der Art des Schadens, den die ständige Beschäftigung mit den eigenen Fehlern angerichtet hat, musst du dich möglicherweise in Behandlung begeben. Manche Menschen, die in ihrer Vergangenheit verweilen und Probleme haben, sich selbst zu vergeben, leiden unter einer sehr hartnäckigen Depression. Einige von ihnen sind so weit, dass sie glauben, sie hätten es nicht verdient zu leben. Sie denken bereits über Selbstmord nach, weil sie

glauben, dass sie für das, was sie getan haben, den Tod verdient haben. Eine Therapie kann dir dabei helfen, deine Depression in den Griff zu bekommen. Wenn du die Ursache deiner Depression in den Griff bekommst und dann mit der Depression fertig wirst, wirst du ein glücklicherer Mensch sein.

Bevor ich dieses Kapitel abschließe, möchte ich noch sagen, dass Selbstvergebung sehr therapeutisch ist. Sie heilt dein inneres Kind.

Ganz gleich, wie tief dich deine Fehler verurteilt haben, Selbstvergebung wird alle Verurteilungen auslöschen.

Um dir selbst zu verzeihen, musst du dich entscheiden, loszulassen. Das gelingt dir vielleicht nicht von heute auf morgen, aber du wirst es mit mehr Arbeit schaffen.

Kapitel 20

Seelenfrieden wiegt mehr

Wenn es etwas gibt, worauf ich sehr stolz bin, dann ist es die Tatsache, dass es mir gelungen ist, Eigentum zu erwerben. Es erfordert viel harte Arbeit, Geld zu sparen und eine Immobilie zu kaufen. Es ist eine Sache, viel Geld zu verdienen; es ist eine andere, das verdiente Geld zu behalten und es für die passende Investition zu verwenden, wenn sich die Gelegenheit ergibt. Manche Menschen haben in ihrem Leben eine Menge Geld verdient, aber sie haben nichts vorzuweisen. Sie haben keine eigenen Ersparnisse und überraschenderweise auch keine Investitionen, die sie für sich selbst getätigt haben. Geld ist wie ein Baby: Wenn du ein Baby zur Welt bringst, hängt das Wohlergehen des Babys von dir ab. Das Baby ist noch winzig und kann sich nicht selbst versorgen. Das Baby hängt allein von dir ab. Wenn du dich so gut um das Baby kümmerst, wie du weißt, dass du es tun solltest, wird es gut wachsen und sehr gesund aussehen. Wenn du dich nicht so um das Baby kümmerst, wie du es solltest, wird es schmutzig und unterernährt aussehen; im schlimmsten Fall könnte das Baby sogar an der mangelnden Pflege sterben, die es von dir erhält. Wenn du dies mit Geld vergleichst, wirst du eine große

Ähnlichkeit feststellen. Geld ist wie ein Baby; wenn du dich um dein Geld kümmerst, so viel sparst, wie du sparen solltest, klug ausgibst und investierst, wird dein Geld weiterwachsen. Wenn du dich nicht so um dein Geld kümmerst, wie du es tun solltest, indem du verschwenderisch ausgibst, nicht sparst und unrealistische Investitionen tätigst, wirst du pleite sein, bevor du weißt, was passiert. Du wirst am Ende all dein Geld verlieren, weil du dich nicht so um dein Geld gekümmert hast, wie du es hättest tun sollen. So viele Menschen sind bankrott gegangen, weil sie diese Ideologie verpasst haben. Geld, das man ausgibt, kommt nie wieder zurück. Deshalb ist es immer ratsam, weniger auszugeben, als man einnimmt. Deshalb ist es immer ratsam, dein Geld in etwas zu stecken, das dir mehr Geld einbringt, etwas, das legal und gleichzeitig produktiv ist.

Also beschloss ich, mein Geld in eine Immobilie zu investieren, nachdem ich sehr lange gespart hatte. Ich bekam diese Immobilie, die mir so gut gefiel. Da ich aber sehr unternehmerisch orientiert war, beschloss ich, meine Immobilie zu vermieten. Ich wusste, dass sie mir jedes Jahr eine Menge Geld einbringen würde. Ich war begeistert, dass ich jetzt Vermieter war. Das Gefühl war unglaublich; noch bemerkenswerter wurde es, als ich mir der Tatsache bewusst wurde, dass ich viel Geld für die Miete bekommen würde - ein großes Haus wie das, das ich besitze, zu vermieten, würde ein Vermögen kosten. Wer auch immer dort wohnen würde, wäre finanziell besser dran. Ich brauchte also einen Mieter, der in mein Haus einzieht. Zuvor hatte ich gehört, wie problematisch manche Mieter sein können. Bei manchen Mietern bereut man es, jemals ein Haus besessen zu haben. Ich habe mir viel angehört, aber ich wollte nicht pessimistisch sein, weil ich jetzt ein Vermieter war, der Eigentum besaß. Ich wusste, dass es da draußen so viele gute Mieter gab; ich sah keinen Grund, mir einen schlechten Mieter für eine Immobilie zu wünschen, die ich gerade erst erworben hatte. Also bekam ich einen Mieter. Dieser Mieter schien so ruhig zu sein. Nach der Erfahrung, die ich mit diesem Mieter gemacht hatte, wurde mir klar, dass es immer die ruhigen Leute sind, vor denen man sich in Acht nehmen sollte; sie sind diejenigen, die einen niederstechen, wenn man es am wenigsten erwartet und wo es am meisten schmerzt.

Also, dieser Mieter zog ein. Ich hatte keinen Verdacht, dass an diesem Mieter etwas faul war, denn er wirkte ruhig und verantwortungsbewusst. Im Laufe der Zeit begann ich, die Seite dieses Mieters zu sehen, die ich nie bemerkt hatte. Er weigerte sich, die Miete zu zahlen, die er uns schuldete. Ich kannte das Motiv dafür nicht. Er erfand einen Schadenersatz als Grund für die Nichtzahlung. Da er auch Anwalt war, war er sehr kreativ. Lange Listen - diese absolut nach höchstem Standard gebaute Luxusvilla sollte eine Bruchbude sein? Alles war seltsam. Ich verstand nicht, warum jemand aus heiterem Himmel anfing, sich so zu verhalten. Es war wie bei zwei Menschen, die sich nie gestritten haben, und nun damit anfingen. Alles war so überraschend und seltsam. Also beschloss das Gericht, einen vereidigten Gutachter zu beauftragen, die Existenz aller Schäden zu überprüfen. Aus einer Liste von 132 sogenannten Schäden stellte er 0 tatsächliche Schäden fest. Nach harten Kämpfen vor Gericht, Revisionen musste er gehen, verlor seine Anwaltszulassung und musste einen Offenbarungseid leisten. Traurig auch für seine Familie und seine beiden kleinen Kinder.

Ich versuchte zu verstehen, warum dieser Mann so gehandelt hatte, und kam zu dem Schluss, dass es aus finanziellen Gründen war. Es wäre zwar vertragswidrig, wenn er nicht zahlt, aber mir wäre es lieber gewesen, er hätte mich kontaktiert und mir gesagt, dass er Probleme hat, die Miete zu bezahlen. Ich hätte seine Situation verstanden und ihm vielleicht mehr Zeit gegeben, doch so ließ er mir keine andere Möglichkeit.

Fazit:
Es hat Jahre gebraucht, bis ich ihm erstmals verzeihen konnte. Vergeben ging noch nicht so schnell.

Ich stellte mir dann vor, warum er für sein Selbstwertgefühl in so einer großen Luxusvilla leben wollte, obwohl er es sich nicht leisten konnte. Was waren seine Defizite? Dann erinnerte ich mich, dass er rothaarig war und leicht lispelte. Vielleicht wurde er in der Schule immer verspottet und gehänselt und wollte es jetzt sich und seiner Familie und allen anderen so richtig zeigen. War er Opfer seines Geltungsdranges?

Er begann mir leid zu tun. Ich entwickelte Mitgefühl für die Seele, die so offensichtlich im Mangel lebte. Die Vergebungsarbeit begann und ich konnte loslassen. Der Prozess hat, da ich damals noch nicht die segensreiche Technik der Hypnotherapie kannte ,10 Jahre gedauert.

Kapitel 21

Die Kraft der Vergebung jetzt erleben

Entdecke für dich die Kraft der Vergebung.

Menschen zu verzeihen und schließlich zu vergeben, ist vielleicht nicht einfach, aber lohnend.

Es ist die höchste Form von Mut, die man jemals aufbringen kann. Sich selbst zu vergeben, wenn man glaubt, einen Fehler gemacht zu haben, ist genauso wichtig.

Menschen, die nicht verzeihen und vergeben, können keinen Seelenfrieden finden oder aus ihren Fehlern lernen. Sie werden weiterhin von ihren bitteren Gefühlen beherrscht. Vor allem können Menschen, die nicht vergeben nie heilen.

Ich wollte lernen, tiefer zu blicken, und ich wollte mich aus der Rolle des Opfers oder manchmal sogar des Täters befreien.

Heute sehe ich in einem Täter immer auch das kleine Kind, das verletzt ist und sich nach Liebe und Aufmerksamkeit sehnt. Ich sehe die tiefere Ursache für schlechtes Verhalten. **Die Tat kann ich verzeihen, aber nie vergeben. Weil eine schlechte Tat bestehen bleibt, unterscheide ich zwischen Tat und Täter.**

Kapitel 22

Stärken wir unsere Verbindung

Wenn dir dieses Buch gefallen hat und du gerne über andere Themen lesen möchtest, die mein Leben verändert haben, dann schau dir meine neuen Bücher auf Amazon oder meiner Website an: www.my-mindguide.com

Lass uns auch über die verschiedenen sozialen Medien in Verbindung bleiben.

Du kannst mir auch gerne direkt deine Gedanken mitteilen: gassner@my-mindguide.com. Im Gegenzug schicke ich dir eine wunderschöne Infografik, die du ausschneiden und einrahmen kannst.

Bitte hinterlasse auch eine Bewertung auf Amazon, denn so wird dieses Buch ein noch breiteres Publikum erreichen.

Vielen Dank für deine Zeit, deinen Einblick und deinen unermüdlichen Wissenshunger!

Ich möchte mich bei all meinen Kollegen, Kunden, Freunden und Familienmitgliedern bedanken, die alle dazu beigetragen haben, was ich heute bin.

Ich möchte mich auch bei Gabriel Palacios bedanken, dem König der Hypnotherapie und Schweizer Bestsellerautor, der diesem alten Fuchs neue Tricks beibrachte und mich tief in das Geheimnis der Hypnotherapie eintauchen ließ.

Ich habe auf dieser Reise so viel gelernt, dass ich jetzt selbst ein zertifizierter Master-Hypnose-Coach und Gesprächscoach bin!

Außerdem möchte ich mich bei den fantastischen Lehrern von SAMYANA/Bali bedanken, die mich zur zertifizierten Yoga- und Meditationslehrerin ausgebildet haben.

Und nicht zuletzt gilt mein besonderer Dank meinem Meisterlehrer Eckhard Wunderle, der für mich ein Heiliger ist. Er hat mich in die Welt der Meditation eingeführt und mich all die Wunder, die sie zu bieten hat, entdecken lassen. Ich könnte nicht stolzer sein, dass ich meine Zertifizierung als Meditationslehrer direkt von ihm am Institut für Spirituelle Psychologie erhalten habe.

Frieden, Liebe und Glück für euch alle - bis zum nächsten Mal!

Über den Autor

Kurt Friedrich Gassner hat im Laufe seines Lebens viele Rollen getragen, darunter unter anderem Serienunternehmer, Kreativdirektor, Meditationslehrer, lizenzierter Hypnotherapeut und in jüngster Zeit Autor zur Selbstverbesserung. Er nutzt seinen Erfahrungsschatz und sein fundiertes Wissen über Psychologie und gibt seinen Lesern die Werkzeuge an die Hand, die sie benötigen, um ihr unendliches Potenzial freizusetzen.

Als produktiver Selbsthilfeautor hat Kurt die folgenden Bücher verfasst: *The Art Of Forgiveness*, *Lie Or Die*, *Soul-Match*, *Can You Inherit a Poisoned Mind?* und *The Power Of Poverty*. Er ist auch Autor eines Kinderbuch-Bestsellers im deutschsprachigen Raum und hat über 20 Bücher in Arbeit.

Wenn es um dauerhaften Erfolg geht, versteht Kurt, dass finanzieller Wohlstand nicht der einzige Aspekt ist, den man anstreben sollte. Er mag ein Selfmade-Millionär sein, aber was sein Leben wirklich verändert hat, ist die Beherrschung seines Unterbewusstseins. Beharrlichkeit, persönliche Stärke,

Selbstbewusstsein und das Lernen aus vergangenen Fehlern waren Schlüsselfaktoren, um seine Träume zu verwirklichen – und er strebt danach, diese Weisheit durch sein Schreiben an andere weiterzugeben.

In seiner Freizeit reist Kurt Friedrich Gassner entweder um die Welt, spielt Golf, radelt in den Alpen, wandert oder verbringt viel Zeit mit seinen Liebsten. Seit 37 Jahren ist er glücklich verheiratet und Vater zweier erfolgreicher Kinder. Derzeit lebt er sowohl in München, Deutschland, als auch in Kirchberg, Österreich.oo

Bitte hinterlassen Sie einen Kommentar auf Amazon, besuchen Sie mein Facebook- oder Instagram-Profil profil , oder senden Sie mir eine E-Mail: gassner@my-mindguide.com.

ANDERE BÜCHER DES AUTORS

BÜCHER VOM AUTOR IN DEUTSCHER AUSGABE